Tombouctou (Timbuktu)   davor und danach

nF223046

Am 01.Juli 1965 in Geislingen an der Steige geboren.

Aufgewachsen in Bad Ditzenbach. Nach der Grund- und Hauptschule folgte eine Ausbildung als Schreiner. Anschliessend begann meine Bundeswehrzeit in Mittenwald; dort machte ich eine Ausbildung als Fahrlehrer.

Ein paar Jahre später erfüllte ich mir noch einen Traumberuf, den als Zweiradmechaniker. Diese zwei Berufe, Fahrlehrer und Zweiradmechaniker begleiten mich seitdem als Haupt- und Nebenberuf bis heute.

Auf einer Reise durch Südafrika lernte ich meine Frau kennen, mit der ich einen Sohn habe.

Wolfgang Staudenmeyer

Tombouctou (Timbuktu)
davor und danach

Bibliografische Information der Deutschen Nationalbibliothek
Die Deutsche Nationalbibliothek verzeichnet diese Publikation in der
Deutschen Nationalbibliografie; detaillierte bibliografische Daten sind
im Internet über http://dnb.d-nb.de abrufbar.

© 2006 Wolfgang Staudenmeyer
Satz, Umschlagdesign, Herstellung und Verlag: Books on Demand
GmbH, Norderstedt
ISBN 10: 3-8334-5347-8
ISBN 13: 978-3-8334-5347-2

In diesem Buch berichte ich von meiner Reise nach Afrika, von den Vorbereitungen bis zur Reise ins westafrikanische Kamerun.

Ich weiß, nicht jeder kann oder möchte so eine Reise machen, aber doch gibt es viele, die davon träumen.

Mein Traum begann mit einem Bild in einer Zeitung. Ich war 15 Jahre alt und stolzer Besitzer eines Mofas. Das Bild zeigte einen Motorradfahrer, der auf dem Weg war, sich Afrika anzuschauen. Mich beeindruckte sehr stark, wie er sein Motorrad beladen hatte. Es war vor lauter Gepäck fast nicht mehr zu erkennen und ich fragte mich, wozu er Ersatzreifen und Zusatztank mitnahm, wo man doch alles kaufen kann und nichts mitnehmen muss.

Damals nahm ich mir vor, auch einmal mit dem Motorrad in ferne Länder zu reisen.

Als ich dann mein erstes Motorrad besaß, war auch schnell ein Urlaubsland gefunden. Ungarn sollte es sein, ich wollte die Pusta sehen. Also Benzin in den Tank und los ging's. Doch ich musste alle 200 Kilometer tanken und meine Reise verlief eigentlich nicht so, wie ich sie mir vorgestellt hatte. Ich fuhr von Tankstelle zu Tankstelle, die Pusta sah ich nur am Rande. Ich erinnerte mich wieder an jenes Bild des Motorradfahrers, das ich vor ein paar Jahren in der Zeitung gesehen hatte und wusste nun, was eine gute Vorbereitung wert ist ich zog daraus wertvolle Schlüsse.

Nachdem ich vom Nordkap bis Griechenland halb Europa bereist hatte, suchte ich eine neue Herausforderung: ich durchquerte den Südwesten der USA.

Dann kam der Tag, wo ich die Entscheidung treffen musste: jetzt bin ich reif für Afrika. Doch Afrika ist groß. Was will ich mir anschauen? Wie lange soll die Reise dauern? Sechs Wochen reichen nicht aus…

Nach langem Studieren von Landkarten und Büchern kam ich zu dem Entschluss, von meinem Alltag auszusteigen und ein Jahr lang Afrika zu bereisen.

Ein Jahr Afrika?

Was ist zu tun, wie viel Geld brauche ich, welches ist das beste Motorrad, welche Versicherung ist notwendig und welches Land will ich sehen?

Alles überschlug sich auf einmal, doch ich ließ mich von der Idee nicht mehr abbringen.

Die Reise lebte ab jetzt unter dem Motto: » Es geht immer weiter!«

Vorbereitungszeit

Für meine Afrika-Reise benötigte ich eine Vorbereitungszeit von einem Jahr. Im Nachhinein betrachtet war diese Zeit aber genauso schön und aufregend wie die Reise selbst.

Und nach der Idee folgte die Umsetzung, allem voran die große Frage: Was brauche ich alles und was ist wichtig für eine so lange Reise?

Medizin war das absolut große Fragezeichen. Also suchte ich zur Beratung und Information das nächste Tropenmedizinische Institut auf – und damit begann meine Reise richtig.

Im Laufe des kommenden Jahres erhielt ich mehrere Impfungen. Und da einige untereinander nicht verträglich sind, musste zwischen den Impfungen eine gewisse Zeit liegen. Aber ich hatte genügend Zeit eingeplant und konnte alles in Ruhe über mich ergehen lassen.

Nach der Beratung im Tropeninstitut ging ich zu meinem Hausarzt, der mir dann diese Impfstoffe in den entsprechenden Abständen verabreichte. Natürlich war es auch für meinen Hausarzt immer wieder interessant über den Stand der Dinge informiert zu werden. Gemeinsam sammelten wir auch Informationen, welche Medikamente ich auf die Reise mitnehmen sollte, die er mir dann zum Abschluss als Reisegeschenk mit der Bitte und Hoffnung übergab, nicht so viel von der Reiseapotheke zu naschen.

Auch mein Zahnarzt ließ mich nicht alleine auf die Reise gehen und schenkte mir seinen halben OP, Gerätschaften und Medikamente, damit ich mir notfalls selbst eine Plombe setzen konnte, natürlich immer in der Hoffnung, dass das Mitgenommene nicht zum Einsatz kommen würde.

Nachdem meine Gesundheit in besten Händen war, musste ich mir Gedanken über mein Motorrad machen. Welche Maschine ist am geeignetsten? Nach langen Überlegungen entschied ich mich für eine leichte Enduro, denn ich wollte so leicht wie möglich reisen, um im Sand oder auf Schotterstrassen mehr Fahrspaß zu haben. Auch war zu bedenken, dass ich in der Lage sein musste, die Maschine nach einem Sturz wieder alleine aufzustellen. Das würde bei einer großen Reise-Enduro schwer werden. Diese Entscheidung stellte sich dann im Laufe der Reise als richtig heraus.

Nach und nach kamen langsam alle Gegenstände zusammen, die ich für die Reise brauchte, wie Schlafsack, Isomatte, Kocher und Töpfe. Doch was sollte ich mit meinen Möbeln und sonstigen Sachen aus meiner Wohnung machen?

Die guten Stücke stellte ich bei meinen Eltern und bei Freunden unter. Den Rest verkaufte ich, und meine Wohnung wurde von Monat zu Monat leerer.

Ebenfalls wichtig war, die Wohnung zu kündigen, meinem Arbeitgeber Bescheid zu geben sowie einige Versicherungen zu kündigen. Doch das Schlimmste war, der Familie zu sagen, dass der Bub einfach ein Jahr abhauen will. Meine Eltern hofften bis zum Schluss, dass ich es mir noch einmal anders überlegen würde.

Drei Monate vor Beginn der Reise lernte ich dann Markus aus Köln und Abi aus Holland über eine Zeitungsannonce kennen. Sie wollten auch Afrika bereisen. Nach ein paar Telefonaten, in denen wir abklärten, wie lange bzw. welche Länder wir bereisen wollten, entschlossen wir uns, die Reise gemeinsam anzutreten.

Ab jetzt nahm das Ganze richtige Formen an. Die ersten Visa kamen langsam ins Haus, auch hatte ich einen zweiten Reisepass nach langem Hin und Her bekommen.

Aber auch das Motorrad brauchte Papiere. Bei der Zulassungsstelle mussten ein Internationaler Zulassungsschein sowie ein Internationaler Führerschein beantragt werden. Dann kam der ADAC zum Einsatz: ich brauchte ein »Carnet de Papier« (ein Papier für zollfreies Durchfahren der zu bereisenden Länder). Eine Versicherung musste gesucht werden, die auch Afrika mit einschließt.

Jetzt endlich konnten langsam die ersten Packversuche unternommen werden. Denn das Gepäck für ein Jahr musste irgendwie aufs Motorrad verfrachtet werden – und das war nicht einfach. Nach und nach verschwanden wieder eine Hose oder ein T Shirt aus dem geplanten mitzunehmenden Kleiderhaufen, denn es war wichtiger, ein Ersatzteil mehr dabei zu haben. Ein paar

Socken konnte man ja unterwegs kaufen. Mit Ersatzteilen sieht es dort etwas kritischer aus.

Nachdem ich meine Auslands-Krankenversicherung abgeschlossen hatte, war die Zeit der Abreise nicht mehr weit. Langsam hieß es »Auf Wiedersehen« zu sagen. Eine Abschiedsparty war das Beste, was mir einfiel, um Danke zu sagen »für die tolle Unterstützung«. Denn bei so einer Reise braucht man Freunde, Bekannte und die Familie, die helfen und sich mit dir freuen auf das was kommt.

In der letzten Woche vor der Abreise wurde ich langsam nervös. Hatte ich wirklich alles richtig organisiert, waren die Versicherungen in Ordnung, hatte ich an alle Papiere gedacht, genügend Geld dabei? Jetzt wäre noch die Möglichkeit gewesen, das ein oder andere zu erledigen, wie zum Beispiel genügend Passbilder machen zu lassen oder einen Stempelkissensatz, wo einzelne Buchstaben eingesetzt werden könnten um eventuell im Notfall ein Dokument selber auszustellen. Doch nach tausendmaligem Überlegen kam der Entschluss: es ist vollbracht, die Reise kann beginnen.

Ein Blick in meine Wohnung sagte mir: jetzt fahr endlich los – die Wohnung war inzwischen richtig ungemütlich geworden. Keine Bilder mehr an der Wand, die Möbel weg und nur noch meine Isomatte mit dem Schlafsack, ein kleines Radio und meine geliebte Kaffeemaschine schauten mich an um mir zu sagen, wir sind bereit,

»WIR FAHREN LOS".

Das Ziel ist Kamerun, und bis dorthin erwarten uns folgende Länder:

Frankreich und Spanien werden wir schnell hinter uns lassen. In Gibraltar setzen wir dann mit der Fähre auf den afrikanischen Kontinent nach Marokko über. Über Mauretanien geht es weiter in den Senegal, nach Gambia, Guinea und die Elfenbeinküste. Weihnachten und Neujahr werden wir in Ghana verbringen. In Togo geht es dann Richtung Norden nach Burkina Faso, anschließend noch über die Grenze nach Mali, bis wir Tombouctou (Timbuktu) erreichen. Danach geht es in den Niger und den Tschad, und in Kamerun werde ich das letzte westafrikanische Land in Augenschein nehmen.

Der Start

Noch ein letztes Mal die Eltern in die Arme nehmen und endlich geht's ab zum Treffpunkt. Wir sind mittlerweile zu sechst, denn drei Freunde von Abi und Markus wollen uns bis Marokko begleiten um von dort wieder nach Hause zurückzukehren. Das hat den Vorteil, dass wir bis Spanien mit einem Kleinbus unterwegs sind, unsere Motorräder auf dem Anhänger mitfahren dürfen und wir dadurch Reifen sparen. Ein weiterer wichtiger Aspekt ist, dass wir nun Zeit haben um uns erst einmal richtig kennen zu lernen, denn bis jetzt haben wir uns nur einmal an einem Wochenende getroffen und ansonsten über Telefon Kontakt gehalten.

Nach zwei Tagen Busfahrt erreichen wir Alicante (Spanien). Dort können wir Bus und Anhänger bei einem Freund unterstellen. Einmal noch ausschlafen, ein ausgiebiges Frühstück einnehmen und ab auf das Motorrad Richtung Gibraltar. Nachts um 22:00 Uhr treffen wir dort ein. Da die nächste Fähre nach Marokko erst am Morgen gegen 5:00 Uhr geht, heißt es, auf Isomatte und Schlafsack die Nacht im Hafengelände verbringen. Wir vereinbaren, dass immer einer aufbleibt um »Wache zu schieben«, denn im Hafen ist sehr viel los und die Menschen sehen nicht gerade vertrauenerweckend aus. Im Großen und Ganzen Personen, mit denen ich im Normalfall nichts zu tun haben will, denn sie gehen »Tätigkeiten« nach wie Autos nach Afrika bringen oder mit Drogen dealen…

Ich übernehme die erste Wache und habe viel Zeit zum Überlegen, was wohl auf mich zukommen wird: ob ich mich mit Abi und Markus über Monate hin verstehen werde, ob eine Krankheit mich außer Gefecht setzen wird? … Das Resultat meiner Überlegungen ist: nicht überlegen, sondern losfahren und abwarten, komme was wolle.

Gegen 4:30 Uhr stehen wir auf, besorgen uns die Tickets und fahren auf die Fähre. Die Überfahrt dauert ca. eine Stunde – und dann ist es soweit: endlich afrikanischen Boden unter den Füßen!

»Salam alaikum, Afrika!«

Die Grenzabfertigung ist sehr ungewohnt für uns technisierte Menschen. Hier ist Handarbeit angesagt. Alles wird von Hand in den Pass eingetragen, wie Rahmen- oder Motornummer. Zwischendurch versuchen Leute illegal einzureisen, das heißt, sie springen einfach über den Zaun, werden aber von der Polizei sofort verfolgt. Jetzt sehe ich mit eigenen Augen, dass dies eine andere Welt ist. Und an die muss ich mich erst gewöhnen. Nach ca. zwei Stunden haben wir die Grenze und alles, was damit zusammenhängt, endlich geschafft. Zuversichtlich fahren wir los und sind erstaunt, dass die Strassen in einem guten Zustand sind.

Schon bei unserer ersten Pause mache ich meine ersten Erfahrungen mit der Bevölkerung. Als ich meine Zigarettenkippe wegschmeiße, springen zwei erwachsene Männer auf um sie zu holen und um danach noch einen oder zwei Züge zu nehmen. Die erste beschissene Erfahrung!

Nach dem Essen, als wir wieder auf unseren Motorrädern sitzen, blicke ich noch einmal zurück und bin entsetzt, dass mehrere Männer an unserem Tisch sitzen und unsere Reste aufessen.

Meine zweite beschissene Erfahrung, die ich wahrscheinlich nie mehr vergessen werde.

Unser erstes großes Ziel sind die Königsstädte Meknes und vor allem Fes.

Bei der Fahrt über das Mittlere Atlas-Gebirge mache ich zum ersten Mal Bekanntschaft mit Steine werfenden Kindern.

Was ist los? Plötzlich kracht es am Helm sowie am Tank bzw. am Koffer, ein äußerst unangenehmes Gefühl.

Das ist der Sport der marokkanischen Kinder: Steine auf Motorradfahrer werfen um den anderen zu zeigen, dass sie keine Angst haben. Abi (der zum xten-Mal in Afrika ist) erklärt mir, wie ich mich in so einer Situation verhalten soll. Die richtige Reaktion ist, wenn wir auf eine Gruppe von Kindern zufahren, sofort mit dem Finger auf sie zu zeigen, denn dann fühlen sie sich erkannt und lassen aus Feigheit den Stein schnell fallen. Wieder eine Erfahrung, die mich die ganze Reise begleiten wird und die ich öfters brauchen werde als ich gedacht habe.

Fes ist eine der schönsten und interessantesten Städte, die ich bis jetzt gesehen habe. Hier leben die Leute noch so, wie man sich das Leben im Mittelalter vorstellt. Das Labyrinth der Altstadt ist geprägt von Handwerkern. Auf engstem Raum leben Metzger und Schreiner, Schuhmacher und Schneider oder Mosaiksetzer und Goldschmiede zusammen. Die Maultiere halten das Leben aufrecht, da die Gassen so eng sind, dass man mit einem Auto nicht hineinfahren kann. Am beeindruckendsten dabei ist die Ledergerberei. Männer, die bis zum Bauch im Wasser stehen, um das Leder aus den Gerbtöpfen herauszuholen, ständig den ekelhaften Geruch von verwestem Leder in der Nase. Wir dürfen wenigstens noch einen Pfefferminzzweig unter die Nase halten, um diese Gerüche auszuhalten und die Gerberei anschauen zu können.

Nach weiteren zwei Fahrtagen über das Mittlere Atlas-Gebirge mit Übernachtung in der Oase »Source Blenede Meski«, die von Fremdenlegionären gebaut wurde, erreichen wir Mesouga bei Erfourd. Endlich erfüllt sich wieder ein Traum: »die Sahara« – Erg Chebbi, eine faszinierende Dünenkette.

Endlich darf ich im Sand Motorrad fahren. Aber ich stelle mich ziemlich dumm an. Kaum habe ich den Sand mit beiden Rädern berührt, steckte ich auch schon fest.

Drei Tage dauert es, um dieses Sandfahren, mit vollem Gepäck, in Griff zu bekommen und im Notfall beim Feststecken auch wieder herauszukommen.

Um die Schönheit und Stille der Wüste besser genießen zu können, machen wir eine zweitägige Kameltour zu einer Oase. Erst bei so einem Tripp erlebt man die Stille und Weite der Wüste, die unbeschreiblich ist. Man muss sie erleben, denn entweder man hasst oder liebt sie, und kommt dann wieder.

Nach dieser zweitägigen Kameltour ist mir jedoch klar, dass ich die Reise auf Kamelen so schnell nicht mehr machen werde. Laufen ist anschließend fast unmöglich, alles tut weh, wir sehnen uns nach unseren Motorrädern mit den weichen Sätteln und der gewohnten Sitzposition.

In Sagora weist ein Schild darauf hin, dass ab hier eine Kamelkarawane nach Tombouctou (Timbuktu in Mali) 52 Tage dauert. Ich wähle mir dieses Bild als Titelbild aus, da ich beeindruckt bin.

Denn nach meinem 2-Tages-Kamelritt kann ich nachvollziehen, was es heißt, 52 Tage auf einem Kamel zu sitzen. Diese Strapazen quer durch die Wüste würde ich mit einem Kamel nie auf mich nehmen. Zwei Tage Kamelritt haben mir gereicht.

Ich werden Tombouctou (Timbuktu) auf dieser Reise noch per Motorrad erreichen.

Die Todraschlucht ist der Eingang ins Hohe Atlas-Gebirge, ein imposantes Massiv mit feinen Schotterstrassen und gigantischen Flussdurchfahrten.

Wir durchqueren es über die Imilchi-Piste, wobei unser Material sehr beansprucht wird. Mehrere Pannen müssen behoben werden, wie zum Beispiel ein Loch im Motorblock oder eine gerissene Antriebskette. Auch der Ausfall einer Benzinpumpe oder ein Plattfuss lassen uns nicht richtig vorankommen. Dafür haben wir viel Zeit, um die Landschaft anzuschauen und mit den Einheimischen Kontakt aufzunehmen.

Nach einer Woche quer durch das Gebirge kommen wir dann in Marrakesch an.

Den Zauber, den diese Stadt umgibt, muss man genießen. Obwohl alles auf Tourismus ausgerichtet ist, herrscht hier eine besondere Atmosphäre. Von unserer Hotelterrasse haben wir einen wunderschönen Blick über den Marktplatz, wo sich Schlangenbeschwörer und Wasserträger sowie Henna-Malerinnen bemühen, an das Geld der Touristen zu kommen. Ein Bummel mit anschließendem Essen auf dem Marktplatz beendet unsere täglichen Ausflüge in die Stadt. Nachdem die letzten E-Mails gecheckt sind, haben wir Lust auf Badespass.

Die Fahrt nach Agadir ist problemlos.

Agadir selber aber ist ein Kulturschock für mich. Das erste Restaurant, das ich sehe, gehört zu einer bekannten Fastfood-Kette. Außerdem gibt es Hinweisschilder an vielen Straßenecken, wo deutsches Bier bzw. Deutsche Küche angeboten werden. So habe ich mir Agadir nicht vorgestellt. Nachdem wir uns im Atlas-Gebirge nur mit Rühr- oder Spiegeleier ernährt hatten, ist uns dieser pure Luxus eher unangenehm. Doch auch an Luxus kann man sich ja bekannterweise gewöhnen.

Irgendwann nun heißt es Abschied nehmen von Oli, Jorg und Hano, drei meiner Reisegefährten, die wieder den Heimweg antreten müssen.

Erst nachdem die drei weggefahren sind, wird uns drei »Übriggebliebenen« klar, was wir eigentlich wagen. Bis jetzt war es ein klein wenig wie normaler Urlaub. Den heutigen Tag aber verbringen wir sehr zurückgezogen und ruhig. Jeder ist mit sich selbst beschäftigt. Es ist, als beginne jetzt eine neue Zeit, eine neue Art des Kennenlernens bzw. der Aufgabenverteilung. Was bisher war, ist Vergangenheit, unsere Reise startet jetzt zum zweiten Mal neu.

Erst jetzt wird uns bewusst, was wir überhaupt für ein Glück haben, eine so lange Reise machen zu können. Nachdem Markus seinen neuen Tank hat – der alte wurde im Atlas-Gebirge beschädigt und der neue eingeflogen – gehen die Vorbereitungen für die Fahrt nach Mauretanien los.

Was uns hier besonders beschäftigt sind die 2.000 Kilometer Spanische Sahara. Auf dieser Strecke gibt es wenige Versorgungsmöglichkeiten. Wir müssen uns gut mit Wasser, Verpflegung und Benzin eindecken.

Doch eines lassen wir uns nicht nehmen bei der Ausfahrt aus Agadir: noch einmal an einer der bekannten Fastfood-Ketten zu stoppen und richtig zuzulangen. Es wird mein letzter Burger für lange Zeit sein.

Bis Dakla ist es eine zweitägige Fahrt, die man nicht gerade als abwechslungsreich bezeichnen kann – Steinwüste mit ein paar kleinen Sanddünen ab und zu. Die Höhepunkte sind die Militärkontrollen: plötzlich steht dort eine armselige Hütte im Nichts. Hier sind ein paar Soldaten froh, endlich etwas Abwechslung in ihrem Alltag zu haben. Deswegen nehmen sie sich auch sehr viel Zeit für eine ausgedehnte Kontrolle, die hauptsächlich darin besteht, ein übergroßes Buch aufzuschlagen und uns nach dem Üblichen, wie Name und Wohnort, zu fragen. Was aber für sie sehr wichtig zu sein scheint sind Name und Adresse der Eltern und deren Geburtstage. Was damit bezweckt wird, ist auch den Soldaten nicht klar, auf jeden Fall haben sie eine Aufgabe, die sie auch sehr gewissenhaft erledigen, mich aber nerven sie richtig.

In Tan Tan, einem der wenigen Orte auf dieser Stecke, machen wir eine Pause und trinken eine Cola. Plötzlich läuft eine Frau an unseren Motorrädern vorbei, hält an meinem Motorrad inne und betrachtet mein Halstuch, das ich am Lenker angebunden habe. Weil es ihr gefällt, bindet sie es los und steckt es in ihre Tasche. Ich bin so geschockt von der Unverfrorenheit der Frau, dass ich zu Abi nur sagen kann: »Die hat mein Halstuch geklaut!« Abi springt sofort auf und stellt die Frau zur Rede. Doch plötzlich ist da ein riesiger Auflauf von Menschen und Soldaten, weil die Leute meinen, die Frau werde von Abi belästigt. Doch nach ein paar Minuten rückt sie das Tuch wieder heraus und die Menschenmenge löst sich schnell wieder auf. Das sind die Höhepunkte auf der Fahrt nach Dakhla.

Dakhla ist der letzte Ort 400 Kilometer vor der Grenze. Ab hier geht es im Militärkonvoi bis zur Grenze weiter. Weil Marokko und Mauretanien sich über die Spanische Sahara streiten, sind dort UNO-Truppen stationiert, die für Sicherheit sorgen. Der Konvoi geht Montag und Freitag. Wir kommen mittwochs an und haben also viel Zeit uns in den Konvoi einzutragen sowie unsere Ausrüstung auf Vordermann zu bringen.

Bei der Anmeldung erfahren wir, dass bei der Einreise nach Mauretanien eine Cholera-Impfung vorgeschrieben ist, die von uns leider niemand hat.

Zurück auf unserem Campingplatz kommt der für solche Situationen mitgenommene Stempelsatz zum Einsatz. Eigenhändig stempeln wir die Cholera-Impfung in unseren Internationalen Impfpass und so haben wir wieder ein Problem gelöst.

Wichtig ist jetzt noch, unser Geld nochmal verschärft zu verstecken, so dass man nur noch das Nötigste am Mann hat. In Mauretanien muss jeder Einreisende eine Devisenerklärung abgeben, damit im Land nicht schwarz getauscht werden kann. Bei unserer Vorbereitung hatten wir mehrere Berichte gelesen, wo Reisenden viel Geld bei Durchsuchungen abgenommen wurde. Denn Geld, das nicht deklariert ist, ist nicht vorhanden und die Polizei nimmt einem ohne Skrupel das Geld ab und man hat keine Chance, es jemals wieder zurückzubekommen. Doch wohin mit dem vielen Geld?

Ein Teil wird im Lenker verstaut, ein weiterer Teil im Luftfilterkasten oder in den Reifen und so weiter. Improvisieren wird hier richtig großgeschrieben.

Mittlerweile füllt sich der Campingplatz mit Leuten, die sich dem Konvoi nach Mauretanien anschließen wollen, auch zwei Motorradfahrer sind zu uns gestoßen, ein Australier (Jim aus Melbourne) und ein Amerikaner (Dave aus Chicago) auf Weltreise. Sie haben bereits Alaska und Feuerland hinter sich und sind jetzt auf dem Weg nach Süd-Afrika. Sie haben gigantische Geschichten auf Lager. Da wird in den nächsten Wochen, die wir zusammen verbringen werden, der Gesprächsstoff nicht so schnell ausgehen.

Mittlerweile ist es Freitag geworden. Um 9:00 Uhr ist Treffpunkt. Zuerst einmal werden die Pässe eingesammelt und kontrolliert, ob man ein Visum für Mauretanien hat und ob alle Impfungen vorhanden sind. Unser Stempel für die Cholera-Impfung besteht ohne Probleme die Prüfungen. Um 14:00 Uhr setzt sich der Konvoi für die 400 Kilometer bis zur Grenze in Bewegung. Alle 100 Kilometer ein Stopp und eine Kontrolle, ob alle noch vollzählig sind. Gegen 20:00 Uhr erreichen wir unser Nachtlager – einen der größten Müllplätze der Wüste, denn alle Reisenden nach Mauretanien müssen dort übernachten und lassen ihren Müll einfach liegen. Mülltonnen oder Aufräumen sind Fremdwörter. Also müssen auch wir unsere Zelte auf dem größten Müll-Campingplatz aufstellen. Die Soldaten haben offensichtlich Spaß daran uns zuzuschauen, wie wir uns zwischen den Müllbergen Platz machen um unser Nachlager aufzuschlagen.

Am nächsten Tag stehen wir sehr früh auf, denn wir wollen als Erste losfahren um den Staub der anderen nicht schlucken zu müssen. Auch die Piste, die vor uns liegt, ist nicht einfach. Da ab jetzt die Minenfelder beginnen und wir festgestellt haben, dass wir wesentlich schneller fahren können als die restlichen Fahrer, so könnten wir unnötige und auch gefährliche Überholvorgänge ausschließen.

Nachdem wir die Ausreiseformalitäten erledigt haben und die Pässe wieder verstaut sind, bekommen wir noch eine Einweisung, wie wir uns auf den nächsten fünf Kilometern Piste zu verhalten haben, um sicher durch das Minenfeld zu kommen. Mit gemischten Gefühlen machen wir uns auf den Weg.

Typische Landschaft im Osten Marokkos

Sahara

Sahara die Dünen von Erg Chebi in sicht

Sahara

Transportmittel der Sahara bei der Pause

Berber Nomaden beim täglichen Wassertransport

Ledergerberei in Fes

Nachtlager bei den Berbern im Dra- Tal

Ein Fahrfehler mit viel Arbeit

Kaspa Ait Benhaddou

Pause im Atlas Geb.

Einfahrt in die Totra Schlucht

Immer wieder stehen rechts und links der Piste gelbe Hinweisschilder auf Minenfelder, die uns daran erinnern sollen, konzentriert weiterzufahren.

Jetzt erst kann ich mir vorstellen, wieso es bei der Rallye Paris-Dakar immer wieder zu schweren Unfällen mit Minen kommt, sobald man vom vorgeschriebenen Weg abkommt.

Die Grenze von Mauretanien ist nicht unbedingt als Grenze zu erkennen. Irgendwo ist eine Kette über die Piste gespannt und daneben steht mal wieder eine einsame Lehmhütte. Erst nach und nach sehen wir Soldaten aus verschiedenen Löchern herauskriechen. Sie machen einen Eindruck auf uns, als hätten wir sie beim Schlafen gestört und sie sind böse auf uns, weil sie jetzt aufstehen müssen.

Die Pässe müssen wir dann bei der Lehmhütte durch ein Fenster reichen, das nicht größer ist als ein Din A4-Blatt, und ... weg sind die Pässe. Wenn es einem da nicht mulmig wird... Nachdem die Visa kontrolliert sind, müssen wir ca. 200 Meter zu einem Sammelplatz weiterfahren, denn ab hier geht es wieder im Konvoi weiter ins 50 Kilometer entfernte Nouadhibou. Dort erst werden die Einreisepapiere fertig gemacht.

Doch zuerst wird unsere Geduld auf eine harte Probe gestellt, es heißt warten, bis die ca. 50 Fahrzeuge alle am Sammelplatz eingetroffen sind. Und das dauert! Gleich nach der Lehmhütte kommt ein Sandhügel, den alle überwinden müssen. Wir haben keine Probleme mit unseren leichten Motorrädern, doch unsere zwei Begleiter mit

ihren schweren Reise-Enduros haben sich gleich einge-
sandet. Mit vereinten Kräften schieben wir sie heraus und
ahnen schon, was da erst die Autos vor sich haben. Immer
wieder steckt ein Auto fest, bis sich ein LKW erbarmt und
es herauszieht. Als der Konvoi dann losfährt, stellt sich
schnell heraus, dass die Fahrt in die Stadt so weitergehen wird. Diese sehr schwer zu fahrende Piste fordert von
den Fahrern alles und unsere Militärbegleiter genießen
es zuzuschauen, wie sich ein Fahrzeug nach dem anderen
wieder im Sand eingräbt. Als alle wieder zusammen sind
und wir endlich etwas vorankommen, halten sie an, werfen sich auf den Boden und beten gegen Mekka.

Wahrscheinlich werfen sie sich auf den Teppich mit der
dringenden Bitte, dass sich doch bitte wieder ein paar
Fahrzeuge eingraben sollten, damit sie weiterhin ihren
Spaß haben. Ihre Bitte wird auch irgendwie erhört, denn
das Herausziehen der Fahrzeuge geht weiter.

Gegen 19:00 Uhr erreichen wir endlich die Stadt. Für
die 50 Kilometer haben wir mittlerweile immerhin elf
Stunden gebraucht, und jetzt beginnt erst einmal der
Papierkram. Doch bereits gegen 23:00 Uhr haben wir
die Einreisegenehmigung in Händen. Die Suche nach
einer Unterkunft läuft dann tatsächlich problemlos.

Hauptthema des nächsten Tages sind die Ausstellung
der Devisenerklärungen sowie der Abschluss einer Versicherung und der Geldwechsel.

Ein paar Tage erholen wir uns, denn unser nächstes
Ziel ist Chinguetti – ein Ort in der Wüste Mauretaniens, eine der heiligen Stätten der Moslemischen Welt.

Unsere nächste Idee ist, mit dem schwersten bzw. längsten Zug der Welt zu fahren, der von Nouadhibou aus tief in die Wüste fährt, um von dort Eisenerz zu holen. Der Zug hat eine Länge von ca. drei Kilometern und fährt 600 Kilometer weit in die Wüste hinein. Wir wollen eine Stecke von ca. 400 Kilometern mitfahren. Bald stehen Abfahrtstag und Zeit fest und wir machen uns am besagten Tag auf zum Verladebahnhof.

Um 9:00 Uhr soll die Verladung unserer Motorräder beginnen, gegen 11:00 Uhr kommt dann immerhin Bewegung in die Sache. Die Motorräder fahren wir über eine Rampe auf einen offenen Waggon und schauen den Jungs zu, wie sie unsere Maschinen verzurren. Doch lange können wir es nicht mit ansehen, was die da so treiben und gehen lieber einen Kaffee trinken. Nach zwei Stunden kommen wir zurück und schauen uns das Werk an. Wir wissen nicht, ob wir lachen oder weinen sollen. Bei der ersten Bewegung des Waggons, das ist ganz sicher, werden die Maschinen umfallen, da nur die Räder mit Draht am Waggon festgebunden sind. Immerhin geht vor und zurück nichts mehr und was seitlich ist, ist ja egal. Hauptsache, das Motorrad fällt nicht gleich bei der ersten Bewegung vom Waggon runter, und in der Wüste ist es ja sowieso egal.

Wir suchen alle Spanngurte zusammen, die wir noch entbehren können und verzurren die Maschinen, so gut es halt geht, in der Hoffnung, dass sie halten werden.

Jetzt haben wir noch viel Zeit den Bahnhof anzuschauen. Es ist eine riesige Entladestation, die das Eisenerz aus den Waggons auskippt und auf Förderbändern weitertransportiert. Anschließend suchen wir den saubersten Waggon aus und machen es uns darin für die Fahrt gemütlich. Jim, der Australier, baut noch sein Zelt auf, um etwas Windschutz zu haben. Um 23:00 Uhr setzt sich der Zug langsam in Bewegung und ich glaube, so schnell haben wir noch nie ein Zelt abgebaut, denn der Wind hat es fast schon zerfetzt.

Danach kriechen wir in unsere Schlafsäcke und setzen unsere Motorradbrillen auf, um uns, so gut es geht, vor dem Staub der Wüste zu schützen.

Nachdem der Zug in Bewegung kommt, wird schnell klar, dass wir eine lange Nacht vor uns haben. Die Federelemente des Waggons sind nicht mehr die Neuesten und wir liegen auf unseren Isomatten herum, als würden wir auf einer Hüpfburg übernachten wollen, auf der ständig Kinder herumhüpfen. Auch der Wind macht uns sehr zu schaffen, denn der Staub auf den Waggons umwirbelt uns kräftig. Nachdem wir uns langsam daran gewöhnt haben und uns die Augen beinahe zufallen, steht plötzlich Markus vor uns, der es sich in einem Auto bei den Motorrädern gemütlich gemacht hat. Er hat eine sehr schlechte Nachricht. Unsere Spanngurte seien gerissen und er schaffe es nicht, alleine die Motorräder wieder zu sichern. Also raus aus den Schlafsäcken und zu den Motorrädern. Doch leichter gesagt als getan, zehn Waggons sind zwischen uns und unseren Motorrädern, die wir überwinden müssen, und das bei fahrendem Zug. Bei jedem Waggon werden die Knie immer weicher und zum Schluss müssen wir noch unter einem LKW durchkriechen, der direkt hinter unseren Motorrädern steht. Was für ein Chaos! Es sieht aus wie bei einem Unfall, bei dem drei Motorräder ineinander gekracht sind. Gott sei Dank können wir das Licht des LKW anmachen, so dass wir einigermaßen was sehen können. Jetzt ist nicht mehr wichtig, ob noch alles da ist, sondern jetzt heißt es, irgendwie die Spanngurte verknoten, alle Motorräder zusammenbinden und hoffen, dass sie bis zur Ankunft in Choum halten.

Wir hatten dabei noch Glück, dass sich die Motorräder ineinander verklemmten so dass sie sich gegenseitig zusammenhielten. Als wir dann zurück bei unseren Schlafsäcken sind, die Jim und Dave vor dem Davonfliegen geschützt haben, wird mir im Nachhinein die ganze Gefahr bewusst. Vor allem Markus war in großer Gefahr, der mehr als zehn Waggons ohne Absicherung überklettert hatte, um uns zu holen. Wenn er ausgerutscht wäre oder das Gleichgewicht verloren hätte, keiner hätte es mitbekommen … ein schrecklicher Gedanke.

Gegen 10:00 Uhr am nächsten Morgen rollen wir in Choum ein. Erst jetzt können wir das ganze Chaos genauer anschauen. Ein Bild des Grauens liegt vor uns. Ein Haufen von drei Motorrädern, die wir auseinanderpuzzeln müssen. Nach dem Abladen der erste Check, ob die Motorräder überhaupt noch laufen. Großes Aufatmen, als alle Motoren noch die üblichen Geräusche von sich geben. Es sind zwar viele Teile gebrochen, die geschweißt werden müssen, doch wir können weiterfahren. Es sind noch ca. 100 km zur nächsten Ortschaft, wo wir voraussichtlich einen Schweißer finden werden – wir sind relativ zuversichtlich.

Nach und nach werden die Motorräder wieder fahrbereit gemacht. Ich kann zwar nicht mehr schnell fahren, da ich sonst meinen Gepäckträger verliere, aber ich kann die nächste Etappe in Angriff nehmen. Eine sehr breite Piste erwartet uns, was heißt, dass wir sehr eng zusammenbleiben müssen, um uns nicht zu verlieren.

Bei der Polizei müssen wir unsere Fahrt nach Atar noch anmelden, damit sie einen Überblick haben, wer auf dieser Piste unterwegs ist.

Die Piste wechselt ständig von Sand zu Steinflächen und nach ca. 40 km haben wir ein großes Problem! Jim, unser australischer Freund, ist auf einmal nicht mehr bei uns. Wir machen uns große Sorgen, denn auch nach zwei Stunden Suche finden wir ihn nicht mehr. Genau vor dieser Situation hatten wir am meisten Angst, dass nämlich irgendwo einer von uns verloren geht und wir ihm nicht helfen können.

Auf einer Anhöhe machen wir ein Feuer, so dass er uns eventuell sehen kann. Dort schlagen wir auch unser Nachtlager auf. Als es dann dunkel wird und wir uns schon auf Schlimmeres einstellen, taucht in der Ferne ein Jeep auf.

Er steuert direkt auf uns zu, und endlich erhalten wir die gute Nachricht: Jim war, nachdem er uns verloren hatte, zur Polizeistation zurückgefahren und wird dort die Nacht verbringen. Wie gefährlich die Piste ist, zeigt auch, dass die Polizisten momentan auch auf der Suche nach einem anderen Jeep sind, der seit zwei Tagen vermisst wird. Leider können wir ihnen nicht helfen.

Nach der guten Nachricht über Jim sind wir sehr erleichtert und können die Nacht in der Mauretanischen Wüste wieder etwas genießen. Beim ersten Sonnenstrahl machen sich Markus und Abi auf, um Jim bei der Polizeistation abzuholen. Währenddessen bauen Dave und ich die Zelte ab, räumen Isomatten und Schlafsäcke zusammen, so dass Markus, Abi und Jim zur Weiterfahrt nur noch ihr Gepäck aufladen müssen. Nach drei Stunden tauchen Markus und Abi dann wieder auf, aber ohne Jim und was uns noch mehr wundert, sie fahren nicht direkt auf uns zu, sie sehen uns nicht! Dave und ich kippen etwas von unserem kostbaren Wasser ins Feuer, so dass sie den Qualm sehen können, und wir machen mit unseren Töpfen so lauten Krach, bis sie uns endlich bemerken. Bei uns angekommen, erzählen sie dann, dass Jim ebenfalls im Morgengrauen aufgebrochen sei in der Hoffnung, uns zu finden. Er muss an uns vorbeigefahren sein, ohne dass wir es gemerkt hatten. Das heißt, er muss jetzt vor uns sein. Also heißt es weiterfahren und hoffen, dass wir ihn bald finden.

Als die Spuren in der Piste immer enger werden und eine Durchfahrt nur an einer Stelle möglich ist, steht auf der anderen Seite Jim. Dieses Wiedersehen wird gefeiert wie ein Geburtstag. Nachdem die Erlebnisse ausgetauscht sind, greifen wir zusammen die letzten Kilometer nach Atar an.

In Atar bleiben wir dann ein paar Tage um endlich unsere Ausrüstung, vor allem unsere Motorräder, wieder auf Vordermann zu bringen. Ein Schweißer arbeitet einen ganzen Tag, bis unsere Motorräder wieder fit sind.

Auch unsere restliche Ausrüstung muss vom Dreck der Zugfahrt und der Wüste befreit werden.

Die anschließende Fahrt zur Oase Chinguetti (ein Wallfahrtsort der Moslems) können wir ohne Probleme bewältigen, ebenso die Weiterfahrt nach Nouakchott, der Hauptstadt Mauretaniens.

Dort trennen sich unsere Wege wieder. Dave und Jim wollen direkt nach Mali einreisen und wir drei in den Senegal.

Nachdem die E-Mail-Adressen ausgetauscht sind, nehmen wir Abschied und fahren zur Grenze um in den Senegal einzureisen.

Der Grenzübergang an der Ortschaft Rosso ist ein Albtraum. Jeder will uns helfen und jeder weiß besser, wie wir es machen sollen, und doch hat eigentlich jeder nur unser Geld vor Augen, so dass wir keinem trauen können. Doch für einen von ihnen müssen wir uns entscheiden, weil wir als Europäer moralisch verpflichtet sind, einen Helfer zu nehmen, um nicht gleich an der ersten Amtsstube auf unbestimmte Zeit abgewiesen zu werden.

Wir brauchen erst einmal eine Pause und trinken eine Cola. Es ist unglaublich, wie viele Leute sich in dieser Zeit anpreisen, um uns zu überzeugen, dass sie die besten Helfer seien. Ca. 30 Leute versuchen ihr Glück – nach der zweiten Cola sind es dann nur noch die Hälfte. Abi, der die Sprache sehr gut beherrscht und für die Grenzabwicklungen der beste Mann von uns dreien ist, meint, nach einem Kaffee würde er sich für einen entscheiden. So sucht er sich von den letzten fünf einen heraus, mit dem er dann von Amtsstube zu Amtsstube rennt, bis alle Stempel für die Ausreise zusammen sind. Markus und ich passen derweil auf unsere Ausrüstung auf und schauen dem Treiben beim Zoll zu.

Der Fluss Senegal ist die Grenze zwischen Mauretanien und dem Land Senegal. Es ist auch eine Grenze zweier Kulturen: auf mauretanischer Seite nur Männer und wenn man eine Frau sieht, dann nur mit Kopftuch, also sehr streng moslemisch geprägt. Auf der anderen Seite im Senegal sieht man Frauen, die oben ohne im Wasser stehen und ihre Wäsche im Fluss waschen. Auch die Bekleidung ist im Senegal freundlicher, nicht nur ein trostloses Schwarz. Nein, farbenfrohe Kleider und lachende Leute. Wir merken, dass es an der Zeit ist, in dieses Land so schnell wie möglich einzureisen. Außerdem ist dort auch Alkohol erlaubt – ein kühles Bier wartet also schon auf mich.

Doch noch ist Abi mit unserem Helfer unterwegs. Nach ein paar Stunden hat Abi es dann geschafft, wir gehen auf die Fähre und überqueren den Fluss Senegal. Wir nehmen Abschied vom tief arabischen Afrika und tauchen in das lebenslustige Schwarze Afrika ein.

Die Grenzformalitäten ziehen sich auch im Senegal lange hin, doch inzwischen haben wir gelernt, für die Grenzüberschreitungen viel Zeit mitzubringen und vor allem, sich nicht aufzuregen, besonders nicht über Leute, die sich aufdrängen und ihre Hilfsbereitschaft anbieten. Leider ist es mittlerweile ziemlich dunkel und wir haben noch nicht alle Papiere zusammen, doch wir wollen unbedingt noch in das 100 Kilometer entfernte Saint-Louis fahren. Ein Schweizer Ehepaar besitzt dort einen Campingplatz. Bis jetzt konnten wir es vermeiden bei Nacht zu fahren, da es nicht gerade angenehm ist, von schlecht beleuchteten Fahrzeugen überholt zu werden. Außerdem sind auch Fußgänger sehr schlecht zu erkennen.

Zu allem Überfluss kommen wir in eine Verkehrskontrolle und ich muss eine Strafe zahlen, weil mein Rücklicht ausgefallen ist. Aber mehrere LKW's ganz ohne Licht oder nur teilweise und noch schlecht beleuchtet, werden einfach durchgewunken, doch »Weiße« haben Geld und werden »Firstclass« behandelt.

In Saint-Louis angekommen, stellt sich die Zufahrt zum Campingplatz schwieriger heraus als erwartet, da es in den letzten Tagen sehr viel geregnet hat und nun alles überschwemmt ist. Es bleibt uns nur die Möglichkeit, die Fußgängerbrücke, die ca. 50 Meter lang ist und bei Nacht nicht gerade einladend aussieht, da auch kein Geländer vorhanden ist, zu überqueren. Ein Fahrfehler und wir sind im Fluss verschwunden. Aber wir müssen da rüber! Mit vereinten Kräften schieben und hieven wir die Motorräder auf die Brücke, langsam fahren wir ein Motorrad nach dem anderen über die Fußgängerbrücke und genießen danach erst einmal ein wohl verdientes kühles Bier. Denn nach langer Zeit können wir endlich mal alles stehen und liegen lassen, ohne dass einer auf unsere Sachen aufpassen muss. Die Tage in Saint-Louis verbringen wir mit einer Pirogenfahrt auf dem Fluss Senegal und mit Ausflügen in die Stadt. Außerdem muss unsere Ausrüstung dringend auf Vordermann gebracht werden. Noch einmal über die Fußgängerbrücke und ab nach Dakar, um dort unter der Zieldurchfahrt der legendären Paris-Dakar Rallye durchzufahren.

Dakar ist schnell erreicht, auch ein kostengünstiges Zimmer ist schnell gefunden. Direkt am Meer haben wir diesmal unser Lager aufgeschlagen. Von der Hotelterrasse aus haben wir den besten Blick auf den täglichen Fischmarkt und das tägliche Fußballspiel am Strand. Auch das Nachtleben kann sich sehen lassen, Bars und Cafés sind reichlich vorhanden. Am Tage können wir den Markt mit seiner Farbenpracht und den afrikanischen Stoffen und Gewürzen genießen.

Der Ausflug zum »Lac Rosse«, der Zieldurchfahrt der Dakar Rallye, ist für uns ein Höhepunkt in Dakar. Ein sich über mehrere Kilometer hinziehender Sandstrand, wo sich auf der einen Seite das tiefblaue Meer ausstreckt und auf der anderen Seite der rosarote Lac Rosse. Ein Kontrast, den man nicht so schnell vergisst. Man fühlt sich als kleiner Sieger, wenn man dort so über den Sandstrand fährt und sich den Trubel der Dakar-Rallye vorstellt.

Doch Dakar ist nicht nur zum Erholen da, wir müssen uns das Visum für Burkina Faso besorgen und eine Durchfahrtsgenehmigung für Guinea Bissau.

Nach einer Woche haben wir dann alles zusammen, viel Geld in den Botschaften liegen gelassen, doch es kann weitergehen. Über Teuba, wo sich die größte Mosche Senegals befindet, geht es Richtung Gambia. Nachdem wir Land und Leute etwas kennen gelernt haben, ist auch schon die Grenze zu Gambia erreicht.

Gambia, der kleinste afrikanische Staat, erwartet uns. Die Grenzkontrolle läuft überraschend problemlos ab, so können wir zügig nach Banjul fahren, wo uns ein Freund (Erima) von Markus erwartet, der aus Gambia stammt, aber mittlerweile in der Nähe von Köln lebt.

Gambia ist ein Land, das so zweigeteilt ist, wie ich es auf der ganzen Reise kein zweites Mal erlebt habe. Zum einen ist es das erste Mal, dass ich die Bevölkerung näher kennen lernen darf, dank Erima, Markus' Freund, so wie den Tourismus, der das Land zwiespaltet. Im Erimas Dorf werden wir sehr herzlich begrüßt. Die Lehmhäuser sind ganz einfach eingerichtet, doch wird man überall herzlich aufgenommen.

Hier existiert auch ein kleines Kinderheim, das von Erima unterstützt wird. Er hat uns eingeladen es zu besuchen. Ein merkwürdiges Gefühl hatte ich nach der Besichtigung. Ich dachte, ich hätte mich langsam an die Armut gewöhnt, doch der Anblick von Kindern, die nicht betteln, sondern dich nur anschauen um zu sagen: »Bitte helfe uns«, machte uns richtig betroffen. Die Ausstattung im Kinderheim ist auf das Allernotwendigste beschränkt. Sie besteht aus einem großen Topf und 50 Löffeln für 50 Kinder, einem Brunnen für frisches Wasser und zwei Holztöpfen, in denen zwei Frauen mit ihren langen Holzkeulen Hirse klein stampfen. Da es Sonntag ist, müssen die Kinder nicht in die Schule. Wir beschließen also dazubleiben um uns mit den Kindern zu beschäftigen. Fußball macht ihnen am meisten Spaß, unter anderem, weil ich meine Cross-Stiefel anhabe und sie mächtig stolz sind, wenn sie mir den Ball durch die Füße spielen können. Doch wehe ich passe nicht auf und trete aus Versehen auf die nackten Füße. Da ist das Geschrei groß, doch die Cross-Stiefel darf ich nicht auszuziehen.

Nachdem sie sich ausgetobt haben, dürfen sie sich noch auf mein Motorrad setzen. Ein Kind nach dem anderen setze ich drauf und jenes, das ich wieder herunterhole, stellt sich sofort wieder hinten an. Somit habe ich die Herzen der Kinder schnell gewonnen und kann ihnen so eine kleine Freude machen.

Erima stellt uns einen seiner Angestellten zur Verfügung, der uns sein Land zeigt. Musak, ein junger Bursche, der stolz ist, mit uns auf dem Motorrad durch sein Land zu fahren. Vor allem, wenn es durch sein Dorf und die nächste Stadt geht, müssen wir eine Ehrenrunde drehen und manchmal auch extra hupen, damit ihn auch ja jeder auf einem Motorrad sieht.

Eines Abends, nach einem Ausflug, fahren wir einmal zum Strand, um zu baden – es sind sehr viele Touristen hier. Doch als wir so am Strand sitzen und Musak zuschauen, wie er sich im Wasser austobt, fragen wir uns, ob er etwa zum ersten Mal in seinem Leben im Wasser ist? Als er dann herauskommt und sich neben uns setzt, kommt die Strandpolizei und will Musak vom Strand vertreiben. Als wir der Polizei erklären, dass Mousak zu uns gehört, kann er bleiben.

Musak erzählt uns, dass er zum ersten Mal an diesem Strand sei, weil er sonst nicht hierher dürfe, da dieser nur für Touristen reserviert sei und sie als Einheimische nur an bestimmten Stellen ins Wasser gehen könnten, die aber leider nicht so schön wie der Strand hier seien. So spaltet man ein Land: am Strand steht ein Hotel neben dem anderen, wo alles für den Tourismus getan wird, aber die Bevölkerung wird so gut es geht von den schönen Seiten ausgeschlossen.

Am Abend gehen wir dann mit Musak in eine Disco in der Nähe der Hotelanlagen. Für Musak müssen wir Eintritt bezahlen, aber wir können ohne zu bezahlen reingehen. Dort lernen wir Leute kennen, die hier nur Urlaub machen, um mal wieder Sex zu haben, und dafür ist hier bestens gesorgt.

Am nächsten Tag suchen wir für mich eine Sicherung und fahren durch die halbe Stadt, bis wir dann in einem kleinen Laden eine finden. Das schöne daran ist, dass ich sie nur nach Vorlage meines Reisepasses bekomme, denn der Besitzer kann nicht glauben, dass man mit dem Motorrad von Deutschland bis nach Gambia fahren kann. Erst nach langem Studieren des Passes und der Visaeinträge bekomme ich die Sicherung!

Am Abend nimmt mich Musak dann in eine einheimische Disco mit. Das ist komisch, denn es sind nur Schwarze um mich herum. Ein paar Freunde von Musak nehmen mich in die Mitte um auf mich aufzupassen. Sie bringen mir immer was zu trinken, denn ich soll nicht alleine zur Bar gehen, als Weißer wäre das für mich zu gefährlich. Zur späten Stunde dann fasse ich Mut und gehe alleine an die Bar und schon ist das Chaos perfekt. Ich werde betatscht und gedrückt und habe immer das Gefühl, mein Geld ist gleich weg. Aber bevor es zur Eskalation kommen kann, sind die Freunde von Musak schon da, holen mich heraus und lassen mich nicht mehr aus den Augen. Am anderen Tag können wir dann über den Abend wieder lachen, doch es zeigte mir auch meine Grenzen auf.

Fahrt durch Imelschi im Atlas Geb.

Lac de Tislit im Atlas Geb.

Frauenarbeit in Marokko

Nach dem Essen in Marakesch

Kurz vor dem Start des Militärkonvoi nach Mauritanien

Küstenstr. der Spanisch Sahara

Zugtransport auf Afrikanisch

Hauptstr. mit Hindernissen

Markt in Rosso (Mauritanien)

Besuch einer Schule in Gambia

Belagerung meines Motorrad in einem Kinderheim in Gambia

Die Autobahn von Senegal nach Guine

Durchfahrt eines Dorfes in Guine

Bevor wir uns von Erima verabschieden, besuchen wir noch einmal das Kinderheim – mit einer kleinen Überraschung. Ich hatte Kontakt mit meinem Motorrad-Verein aufgenommen und angefragt, ob sie das Kinderheim unterstützen würden. Es kam postwendend eine positive Antwort und ich kann dem Heim eine Geldspende übergeben, so dass die Kinder das nächste halbe Jahr mit Reis, Hirse und Zucker versorgt sein werden.

Nachdem noch einmal alle Kinder nacheinander auf meinem Motorrad Platz genommen haben, muss ich mich verabschieden. Mit gemischtem Gefühl fahren wir weiter. Lange noch denke ich an das Kinderheim und frage mich, was aus ihnen wohl in Zukunft wird. Doch eines lernt man ganz schnell auf so einer Reise, nämlich, dass die Armut alltäglich ist und man nicht allen helfen kann.

Leider wurde mir der Fotoapparat gestohlen, mit dem ich viele Bilder von den Kindern sowie von dem Heim gemacht hatte.

Entlang des Flusses Gambia durchfahren wir das Land, dem er den Namen gibt, Gambia, und wir machen noch eine Pause in Basse Santa Su, der letzten Stadt in Gambia, bevor wir noch einmal kurz in den Senegal einreisen um auf die Hauptroute nach Guinea Bissau zu kommen. Die Grenzformalitäten von Gambia und Senegal sind problemlos. Dafür ist die Hauptroute nicht als solche zu erkennen, für die 300 Kilometer nach Labe in Guinea brauchen wir ganze vier Tage. Viele Stürze bringen uns immer wieder aus dem Rhythmus. Deswegen brauchen wir viele Pausen. Ab und zu müssen wir das Gepäck abschnallen um das Motorrad wieder aufstellen zu können oder um uns durch Waldschneisen zu wühlen.

Jeden Kilometer geht es weiter in den Regenwald hinein und so werden auch die Pistenverhältnisse schlechter. Als wir dann noch auf LKW's treffen, sinkt unsere Moral auf den Tiefpunkt! Wir fragen uns, wie die da durchkommen sollen. Bei einer Pause mit den LKW-Fahrern erzählen sie uns, dass sie für die Strecke bei guten Verhältnissen eine Woche bräuchten, einmal sogar nahezu drei Wochen. Doch ihnen bleibt keine Wahl, eine andere Arbeit gibt es nicht und deswegen müssen sie, so oft es halt geht, diese Strecke fahren.

Wir sind froh, endlich die Grenze erreicht zu haben. Jetzt können wir in einer Strohhütte übernachten und uns auch wieder etwas Frisches zum Essen und Trinken besorgen.

Nachdem wir den Beamten die notwendigen Papiere vorgelegt haben, können wir weiterfahren. Doch die Piste wird nicht viel besser und wir kommen nur langsam voran. In einem Dorf können wir in der Gästehütte übernachten. Mit den sehr freundlichen und hilfsbereiten Leuten können wir uns leider nur in Zeichensprache unterhalten. Auch mit Essen werden wir von ihnen versorgt, das auch sehr gut schmeckt, was es aber genau ist, können wir oft nicht erkennen. Macht auch nichts, es ist auf jeden Fall eine tolle Geste von ihnen.

Die letzten Kilometer nach Labe wird die Piste immer besser, leider kommen wir in eine Militärkontrolle und ich muss alles auspacken. Ich glaube, die Afrikaner wollen nur mal schauen, was Weiße so alles auf einem Motorrad transportieren, und natürlich wollen sie ihre Macht zeigen – sie haben das Sagen. Unter anderem konfiszieren sie meinen Leatherman, doch sie kommen mit den verschiedenen Funktionen nicht klar und geben mir das Messer wieder zurück.

In Labe müssen wir uns beim Bürgermeister melden um unsere Einreise mit einem Stempel im Ausweis bestätigen zu lassen. Als wir im Zimmer beim Bürgermeister sind, schaut er unsere Pässe ganz erstaunt an. Er weiß nicht, was er damit machen soll. Nach langem, aber sinnlosen Gespräch stellt sich heraus, dass er noch nie einen Stempel seines Landes gesehen hat und nicht weiß, wie ein Visum seines Landes aussieht, wir aber einen Stempel von ihm brauchen. Er erfüllt uns unseren Wunsch sofort und wir können uns auf Zimmersuche machen. Denn die Fahrt bis Labe war anstrengend und wir brauchen ein paar Tage Pause, auch unsere Motorräder sollten dringend mal wieder eine Wäsche bekommen und mit Schmiermittel versorgt werden, was wir am kommenden Tag in Angriff nehmen wollen.

Nach langem Suchen finden wir ein kleines Hotel, wo wir unsere Motorräder im Hof abstellen können. Der Hof ist ringsherum abgeschlossen und von unserem Zimmer aus haben wir direkten Zugang zu unseren Motorrädern.

In der Nacht gegen 2:00 Uhr geht meine Alarmanlage los. Ich raus aus dem Zimmer mit einem Montiereisen in der Hand und bin überrascht, was ich da sehe: Kinder waschen unsere Motorräder und wollen sich so ein wenig Geld verdienen. Leider haben sie die falsche Uhrzeit gewählt und ich bin nicht gerade glücklich über ihre Aktion. Auch ohne dass sie es verstehen, wissen sie, dass sie schnell abhauen sollen. Abi und Markus sind natürlich auch mittlerweile aufgetaucht und eigentlich können wir nur darüber lachen.

Auf unserer weiteren Reise durchqueren wir die Fouta Djalon, ein Regenwaldgebiet in Guinea, mit tollen Wasserfällen und saftig grüner Landschaft. An einem Fluss, wo wir eine Hängebrücke suchen, kommen wir in Kontakt mit den Buschbewohnern und nachdem wir ihnen ein Bild von einer Hängebrücke aus einem Buch zeigen, wissen sie, was wir wollen und erklären uns mit Händen und Füßen, dass die Brücke beim letzten großen Regen weggeschwemmt wurde. Sie laden uns dann in ihr Dorf ein, wo wir übernachten können. Diese Einladung nehmen wir dankbar an. Im Dorf wird sofort eine Hütte für uns freigemacht und wir können es uns bequem machen.

Wir sind die Attraktion. Wie eine mit einer Schnur gezogenen Linie kommt keiner näher als fünf Meter an unsere Strohhütte heran. Nur der Hüttenbesitzer und der Dorfchef dürfen uns besuchen. Wir sind sehr glücklich über diese Geste, denn wildes Campen ist hier extrem gefährlich, da hier sehr viel Waldrodung stattfindet und die Bevölkerung einfach den Wald in Brand setzt. Das heißt, wir müssten jede Minute damit rechnen, mitten in der Nacht aufzuwachen und mitten im Feuer zu sitzen. Darum vermeiden wir es grundsätzlich, in Guinea zu campen.

Die Gastfreundschaft im Dorf ist wirklich groß, auch Essen wird uns in die Hütte gebracht. Leider entspricht es absolut nicht unserem Geschmack und wir nehmen nur das, was zum Anstand der Gastfreundschaft gehört. Auch was es ist, wollen wir lieber nicht wissen. Am darauffolgenden Tag möchten wir uns gerne mit kleinen Geschenken für die Gastfreundlichkeit bedanken, doch die Dörfler wollen nichts annehmen. Sie werden noch lange davon erzählen können, dass Motorradfahrer bei ihnen übernachtet haben. Das ist für sie Belohnung genug. Wir lassen dann in der Hütte kleine Geschenke zurück und fahren weiter.

Ein kleiner Junge, der uns auf dem Fahrrad entgegenkommt, ist so begeistert von unseren Motorrädern, dass er vergisst, auf die Strasse zu schauen. Er fährt in den Straßengraben. Das sieht so lustig aus und ich muss vor mich hinlachen.

Der Abschied von Guinea fällt uns etwas schwer. Obwohl die Leute nicht viel haben, geben sie uns das Gefühl, dass wir in ihrem Land willkommen sind. Sie geben alles, was sie entbehren können, ohne eine Gegenleistung zu fordern.

Die letzten Kilometer bis zur Grenze der Elfenbeinküste genießen wir besonders, weil die Piste durch den Regenwald super ist.

Nach dem Grenzübertritt zur Elfenbeinküste ändern sich die Verhältnisse auf einen Schlag. Hier gibt es die besten Teerstraßen, Essen und Trinken ist in allen Variationen wieder vorhanden – es ist offensichtlich Geld im Land. Doch die Landschaft wird immer karger, da die Regenwälder ziemlich abgeholzt sind und das Land nicht wieder aufgeforstet wird.

In der Ortschaft »Mann« dann ein Erlebnis der besonderen, schönen und verwunderlichen Art. Als wir unsere Klamotten in die Zimmer bringen, rührt sich ein kleiner Junge (der Sohn des Hotelbesitzers) nicht von meiner Seite. Als ich mich müde aufs Bett fallen lasse und meine Cross-Stiefel öffne, gibt der Junge mir zu verstehen, dass er meine Stiefel aufmachen möchte. Verwundert lasse ich ihn gewähren und sein Vater erklärt mir dann später, dass der Junge solche Stiefel einmal im Fernsehen gesehen hatte und er jetzt endlich die Möglichkeit hat, sie aus der Nähe und im Original anzuschauen. So viel Liebe zu meinen Motorradstiefeln hatte ich nicht erwartet und als er mich noch fragt, ob sein Sohn die Stiefel putzen darf, ist die Überraschung bzw. meine Verwunderung perfekt. Den Wunsch nehme ich dankend an und gebe dem Jungen meine Stiefel. So eine Freude über ein paar Schuhe, die man putzen darf, ist unglaublich. Es ist auch schön zu sehen, dass man jemandem mit solchen Sachen eine Riesenfreude machen kann.

Beim Geldwechseln kommen dann wieder afrikanische Probleme auf uns zu. Ich will US-Dollar wechseln und Markus Traveller-Schecks einlösen. Bei der Dame hinterm Schalter kommt plötzlich Hektik auf, denn Schecks in dieser Form kennt sie nicht und sie gibt sie Markus zurück und meint, sie könne nur richtiges Geld annehmen. Dann will sie wissen, was das für ein Geld ist, das ich ihr zu wechseln gegeben habe. Nachdem ich ihr erklärt habe, dass es US-Dollars sind, muss sie erst einmal in der Hauptstadt anrufen um den Wechselkurs zu erfahren und beschreibt der Person am anderen Ende des Telefons, wie das Geld aussieht. Nach einer Stunde sind mittlerweile drei Personen damit beschäftigt, die Echtheit der Dollarscheine und den Kurs festzustellen. Aber nach eineinhalb Stunden ist das Geld trotzdem endlich gewechselt.

Meine Stiefel sind mittlerweile auf Hochglanz poliert und unsere Fahrt kann weitergehen. Yamoussoukro ist das nächste Ziel. Dort ließ der damalige Präsident der Elfenbeinküste den Petersdom von Rom nachbauen. Dieses Projekt dauerte 30 Jahre und verschlang Unsummen von Geld. Die katholische Kirche weigerte sich zuerst, die Kirche überhaupt einzuweihen. Erst als der Präsident versprach, die gleiche Menge Geld, die die Kirche gekostet hatte, in soziale Zwecke zu investieren, weihte der Papst die Kirche ein. Das Versprechen wurde vonseiten des Präsidenten nie eingelöst. Aber mittlerweile ist der Dom im Besitz der katholischen Kirche in Rom, denn das Land konnte sich den Unterhalt nicht mehr leisten. Es ist übrigens der sauberste Platz, den ich in Afrika bisher gesehen habe.

In Abidjan ist wieder Organisation angesagt. Das Visum für den Niger muss beantragt und auch Ersatzteile müssen per Internet beim ADAC bestellt werden, die wir in Accra (Ghana) am Flughafen abholen wollen. Mittlerweile sind wir bereits 13.000 Kilometer unterwegs und der Verschleiß an unseren Motorrädern ist größer als erwartet. Auch einen neuen Fotoapparat und Filme besorge ich mir.

Auf dem Campingplatz lernen wir dann einen Japaner kennen, der mit dem Fahrrad Afrika durchqueren will. Er kann lustige Geschichten erzählen. Er war in Südafrika gestartet und von Kenia aus flog er dann zur Elfenbeinküste weiter. Doch jetzt wartet er schon 14 Tage auf sein Fahrrad, damit er weiterfahren kann.

Wir haben nach einer Woche alles zusammen und brechen auf nach Ghana, denn Weihnachten steht vor der Tür und ich will in der Kathedrale in Accra die Christmette besuchen.

Am 23. Dezember haben wir die Elfenbeinküste in Richtung Ghana verlassen. Dass dies eine glückliche Entscheidung war, stellt sich einen Tag später heraus, denn wir hören in den Nachrichten, dass alle Grenzen der Elfenbeinküste geschlossen wurden und das Militär einen Putsch durchführte. Wir haben bei der Durchreise nichts mitbekommen, es sah alles sehr stabil aus. Egal, jedenfalls kamen wir rechtzeitig raus.

Leider muss man in Afrika immer mit politischen Ungereimtheiten rechnen, obwohl man sich laufend über die politische Lage informiert und sich regelmäßig über Internet beim Auswärtigen Amt Informationen einholt.

24. Dezember – Heilig Abend in Accra (Ghana)

Am Nachmittag erreichen wir nach vielen Kontrollen Accra. Nach der Zimmersuche informiere ich mich über den Weg zur Kathedrale. Nachdem ich dann in Erfahrung gebracht habe, wann die Mitternachtsmette beginnt, kehre ich zum Hotel zurück und wir machen uns fertig, um Weihnachten in einem schönen Restaurant mit gutem Essen zu feiern.

Gegen 22:00 Uhr mache ich mich auf den Weg zur Kathedrale. Der Gottesdienst beginnt um 23:00 Uhr und endet gegen 2:00 Uhr. Eine Messe, die ich nie mehr vergessen werde, denn Weihnachten in Ghana wird mit Tanz und Gesang gefeiert, das eher an ein Musikkonzert erinnert und nicht mit den besinnlichen Tagen bei uns zu Hause zu vergleichen ist. Der Bischof ermuntert die Besucher immer lauter zu singen und zu klatschen, weiße Tücher werden geschwenkt und der Mittelgang sowie die Seitengänge werden in einer Art Polonaise rauf und runter getanzt. Die farbenprächtigen Kleider der Frauen machen das Spektakel vom afrikanischen Weihnachten perfekt. Gegen 3:00 Uhr bin ich wieder im Hotel und muss noch lange über das soeben Erlebte nachdenken.

Am 1. Weihnachtsfeiertag freue ich mich schon auf die Messe, denn so eine Messe besucht man nicht jeden Tag. Das Weihnachtsfest in Ghana wird mir als einer meiner Höhepunkte der Reise in Erinnerung bleiben.

In Accra müssen wir auch noch das Visum für den Niger besorgen.

Auch mein Paket muss vom Flughafen abgeholt werden, das ich in Abidjan über Internet bestellt hatte. Das Paket beinhaltet einen neuen Kettensatz, zwei Zündkerzen, ein Visier für Markus' Helm, zwei Benzinfilter und einen neuen Nierengurt. Aber es dauert Tage, die verstreichen, bis ich das Paket endlich auspacken kann, es ist unglaublich:

1. Tag

Kontaktaufnahme mit dem ADAC und meinen Eltern um zu erfahren, mit welchem Flugzeug das Paket kommen wird und welche Nummer das Paket hat.

Nachdem noch ein paar Unklarheiten geklärt werden, bekomme ich die gewünschten Daten.

2. Tag

Morgens um 9:00 Uhr brechen Abi und ich zum Flughafen auf.

Nach einer Stunde Suche stellen wir fest, ohne Hilfe haben wir keine Chance, das Paket herauszukriegen. Überall werden wir vertröstet oder abgewiesen. Also bleibt nichts anderes übrig als eine Agentur zu beauftragen. Nachdem der Preis ausgehandelt ist und ich bezahlt habe (unverschämter Ausländerzuschlag), geht einer mit uns zum Schalter, wo wir die Papiere zur Auslieferung bekommen. Am Ausgabeschalter müssen wir nur die Papiere abgeben und schon haben wir das Paket in den Händen. Doch als wir es öffnen, kommen neue Kalender zum Vorschein. Eine Riesenenttäuschung macht sich bei uns breit und wir sind sicher, dass es sich nur um eine Verwechslung handeln kann. Nach langem Überprüfen der Nummern stellt sich heraus, dass die Agentur eine falsche Nummer angegeben hat. Jetzt beginnt das Spiel von vorne!

Im zweiten Anlauf sind dann die richtigen Papiere da und wir gehen mit dem Paket voller Stolz zum Zoll. Doch mittlerweile ist es zu spät um die Zollabwicklung machen zu können, da der Zoll bereits geschlossen hat.

Also das Paket wieder an der Ausgabe aufbewahren lassen und morgen wieder kommen. Als wir im Hotel zurück sind, ist es ca. 20:00 Uhr.

Auch eine Wasserdurchfahrt gehört zur Autobahn

Strassenstaub oder mal wieder Waschen ?

Voodoomarkt in Lome (Togo)

Nachtlager in der Steppe Burkina Fasso`s

Feldarbeit in Burkina Fasso

Schuhmacher in Quagadougou (Burkina Fasso)

(Rally Paris-Dakar-Cairo) Hilfe für einen Privatfahrer

Hirse Stampfen in Mali

Gross Parkplatz auf Afrikanisch

Teemeister bei der Arbeit

Grösste Lehmmosche West-Afrikas in Djenne (Mali)

Mali: Festschmuck

Die Felsenwohnungen im Dogonland (Mali)

Der Hafen von Mopti am Niger

3. Tag

Neuer Versuch, das Paket herauszukriegen!

Um 9:00 Uhr sind wir wieder am Flughafen und holen das Paket ab. Am Zoll dann das nächste Problem: wir sollen Steuern zahlen. Der Preis war sowieso schon so hoch, dass es besser gewesen wäre, das Paket wegzuschmeißen. Wir versuchen ihnen zu erklären, dass wir die Teile zum persönlichen Bedarf brauchen um weiterfahren zu können und nicht, um die Teile zu verkaufen. Nach langem Hin und Her verlangen wir den Chef zu sprechen. Nach zwei weiteren Stunden Wartens ist dieser bereit, uns zu empfangen. Nach weiterem langem Diskutieren müssen wir 100 Dollar hinterlegen und können das Paket mitnehmen, müssen aber morgen noch einmal kommen. Der Chef muss sich erst einmal schlau machen, was man da machen kann! Aber er verspricht uns, bis morgen eine Lösung zu haben. So ist wieder ein Tag zu Ende, aber immerhin können wir einen Teilerfolg verzeichnen. Wir haben das Paket, dürfen es aber nicht öffnen, und meine 100 Dollar werden wir auch noch irgendwie wieder zurückkriegen. Nur Mut!

4. Tag

Um 9:00 Uhr sind wir wieder am Flughafen. Nach zweistündigem Warten teilt uns der Chef endlich mit, wir könnten mit dem Paket ausreisen, die 100 Dollar bekämen wir an der Grenze zurück. Das hört sich zwar gut an, doch wo sollten die Leute an der Grenze 100 Dollar hernehmen, fragen wir ihn. Er teilt uns mit, dass wir das Geld in der Landeswährung zurückbekommen würden.«»Doch was sollen wir mit dem Geld in Landeswährung machen? Wir wollen doch ausreisen. Da können wir mit dem Geld nichts mehr anfangen. Wir brauchen die US-Dollar!«

Nach weiterem Überlegen, unter anderem liegt auch noch die Mittagspause dazwischen, macht uns der Chef den Vorschlag, dass wir das Geld zurückbekämen, wenn wir im nächsten Militärkonvoi bis zur Grenze mitfahren würden, damit wir das Paket unterwegs nicht verkaufen könnten. Nur einen Termin, wann der nächste Konvoi losgeht, kann er uns nicht nennen. Vielleicht in einer Woche oder einem Monat? Also auch nicht gerade eine befriedigende Antwort.

Nach einer weiteren Stunde kommt dann der folgende Vorschlag: Wenn wir den Militärschutz selber bezahlen, könnten wir sofort fahren. Nachdem wir dann den Preis gehört haben, ist dieser Vorschlag schnell vom Tisch.

Nach einer weiteren Stunde dann endlich die Lösung. Die Agentur, die wir beauftragt hatten, sollte die Bürgschaft übernehmen und somit könnten wir ohne Probleme ausreisen.

Doch das ist natürlich ein Riesenproblem für die Agentur. Bei einer Bürgschaft über solch einen Betrag geht es an deren Existenz und zusätzlich muss sie sich voll auf uns verlassen. Doch in West-Afrika vertraut man nicht so leicht einem anderen. Nach etlichen Telefonaten mit dem Chef der Agentur kommt das O.k. Wir sollen am nächsten Tag die Bürgschaft an der Agentur abholen.

Voller Hoffnung, dass es morgen weitergeht, fahren wir wieder ins Hotel zurück.

5. Tag

Voller Erwartung machen wir uns zum Flughafen auf, in der Hoffnung, schnell weiterfahren zu können. Die Bürgschaft ist tatsächlich schon fertig. Kaum zu glauben. Nun geht es wieder zum Zoll. Wir geben alle Schriftstücke ab und warten auf unser Geld. Die Beamten lassen sich viel Zeit mit der Bearbeitung. Gegen 15:00 Uhr entschließen wir uns, heute doch nicht weiterzufahren, denn die Grenze werden wir bei Tage nicht mehr erreichen können.

Markus fährt zum Hotel zurück, um unsere Zimmer für eine weitere Nacht zu buchen. Abi und ich versuchen, die Zollformalitäten irgendwie zu beschleunigen. Um ca. 17:00 Uhr kommt dann Bewegung in die Sache. Wir bekommen die Papiere und die 100 US-Dollar. Mein Paket bekommt eine Verplombung, die eigentlich sinnlos ist, da man das Paket überall öffnen kann ohne die Plombe zu beschädigen. Doch uns ist es egal. Wir haben endlich alles beisammen und können am nächsten Tag weiterfahren.

6. Tag

Abfahrt zur Grenze nach Togo. Die Grenzformalitäten gehen ohne Probleme vonstatten. So bekommt auch die Agentur mit ihrer Bürgschaft keine Probleme. Doch die Beamten von Ghana geben unglücklicherweise den Papierkram nicht uns, sondern den Beamten von Togo und somit beginnt die Zollgeschichte von vorne! Togo will Steuern für das Paket oder alle Teile werden in den Pass eingetragen, so dass ich bei der Ausfuhr aus Togo die Teile vorzeigen müsste. Nun müssen wir alle

Möglichkeiten ausschöpfen, die uns noch übrig bleiben. Der Zollbeamte lässt sich mit ein paar Geldscheinen überzeugen, dass man die Teile nicht in den Pass eintragen muss und auch keine Steuern zu bezahlen hat. So können wir am Abend auf dem Campingplatz in Lomé endlich unser Paket aufmachen. Die Plombe bekommt zu Hause einen Ehrenplatz und damit schließe ich das Kapitel Ghana und unser Paket.

Über eine Woche hatte ich gebraucht um ein Paket aus dem Zoll herauszubekommen. Doch auch dieses Weihnachtspaket hat schließlich seinen Besitzer gefunden. (Frohe Weihnachten)

In Lomé, der Hauptstadt von Togo, besuchen wir zuallererst einen Voodoo-Markt. Ein Markt, der bei der Bevölkerung einen ganz wichtigen Platz im Leben einnimmt. Wir aber betrachten das Ganze mit gemischten Gefühlen. Solch einen Ort, wo ausgetrocknete Tiere ausgestellt werden, habe ich zuvor noch nie gesehen. Auch der Sinn des Voodoo-Marktes ist für uns nicht nachvollziehbar.

Der Anblick der ausgetrockneten Tiere ist sehr gewöhnungsbedürftig. Auch die Atmosphäre auf dem Markt ist sehr düster. Solch einen Markt, so beschließen wir einstimmig, müssen wir kein zweites Mal besuchen.

In Lomé halten wir uns nicht lange auf, denn nach drei Hauptstädten nacheinander (Abidjan, Accra, Lomé) sehnen wir uns wieder nach den einsamen Weiten der Wüste.

Dann ist da noch ein Termin der Reise, den wir auf keinen Fall verpassen wollen: die Rallye Paris-Dakar-Cairo, die wir in Burkina Faso anschauen wollen.

Je weiter wir in Togo Richtung Norden fahren, desto trockener wird die Landschaft. Schade, dass in Togo das Tiervorkommen fast völlig ausgerottet ist, denn die Steppenlandschaft im Norden ist sehr reizvoll. Je näher wir der Grenze kommen, desto schlechter wird auch mein Gesundheitszustand. Ich muss wohl etwas gegessen haben, das nicht in Ordnung war. Es saugt meinen Körper leer und ich muss immer öfter anhalten um meinen Darm zu entleeren. So etwas habe ich noch nie durchgemacht, innerhalb weniger Stunden ist mein Körper saft- und kraftlos, selbst das Ankicken meines Motorrades wird zur höchsten Anstrengung. Schließlich muss ich Abi und Markus signalisieren, dass wir an der nächsten Ortschaft Halt machen müssen um einen Schlafplatz zu suchen. Mein Akku ist bei Reserve angekommen. Es sind zwar nur noch 200 km auf guter Teerstrasse bis Quagadougou (der Hauptstadt von Burkina Faso), doch das kann ich an dem Tag nicht mehr schaffen. In der nächsten Ortschaft angekommen, machen wir Pause und trinken eine Cola, doch ich bin körperlich so am Ende, dass ich auf dem Stuhl einschlafe. Abi macht sich dann auf Zimmersuche und Markus passt auf mich auf. Gott sei Dank findet Abi ein kleines Hotel mit einer Toilettenschüssel, so dass ich mich wenigstens setzen kann.

Die Nacht ist ein Alptraum, der Körper ausgelaugt und hinten kommt alle Stunde etwas heraus, zum Überfluss auch noch Blut zum Stuhlgang. Die Geschichte gefällt mir immer weniger, so wie die Tatsache, dass ich hier nicht schnell mal einen Arzt aufsuchen kann. Ich muss es am anderen Tag unbedingt nach Quagadougou schaffen, denn dort ist eine französische Klinik. Die Nacht geht irgendwie auch vorbei und Markus hat mittlerweile die gleichen Probleme, aber er ist noch etwas besser beieinander als ich. Die beiden helfen mir dann am nächsten Tag mein Motorrad zu beladen um mich irgendwie nach Quagadougou zu bringen. Abi hat schwer mit uns zu kämpfen, denn auf der Fahrt wird der Zustand von Markus immer schlechter, so dass Abi eigentlich mit uns einen Krankentransport macht. Die Zimmersuche ist auch nicht gerade einfach, da die meisten Hotelpreise nicht zu unserer Reisekasse passen. Nach langem Suchen finden wir dann doch noch ein Zimmer, in dem wir uns erholen können. Markus und ich verkriechen uns schell ins Bett und hoffen, dass es bald wieder bergauf geht.

Nachdem ich fast zwölf Stunden mit Toilettengangunterbrechungen geschlafen habe, habe ich es überstanden. Ich merke jede Stunde, dass es besser geht, auch mein Blut im Stuhl lässt nach und das Essen schmeckt mir wieder. Doch Markus ist noch etwas schwach und verschläft den ganzen Tag. Inzwischen machte Abi sich schlau wo die Rallye Paris-Dakar-Cairo am besten anzuschauen wäre. Es stellt sich heraus, dass die Beteiligten an der Rallye in Quagadougou im Flughafen übernachten, man aber dort keinen Zutritt bekommt, sich aber auf der Strecke an der Grenze zu Niger ein Check-Point mit einem Tankstopp befindet, wo man die Rallye anschauen kann. Das Problem ist, dass es einen Fahrtag von Quagadougou entfernt ist und wir am nächsten Tag losfahren müssten. Nachdem uns Abi alles berichtet hat und Markus meint, dass es geht, brechen wir am anderen Tag sehr früh auf. Ca. 40 km vor Markoye, wo sich der Check-Point der Rallye befindet, schlagen wir unsere Zelte auf, so dass wir am nächsten Tag ziemlich früh dort sind.

Beim ersten Sonnenstrahl packen wir schnell alles zusammen und fahren los. Als wir dann an der Ortschaft ankommen, ist dort die Hölle los. Die Leute weisen uns in eine Richtung und fangen an, die Trommeln zu schlagen und drauflos zu tanzen. Wir folgen dem Weg, der uns gezeigt wird. Es wird immer lauter und stimmungsvoller und plötzlich stehen wir im Fahrerlager. Hunderte von Menschen machen Stimmung, es ist ein ohrenbetäubender Lärm. Ein Verantwortlicher der Rallye erklärt uns, dass die Menschen uns für die ersten Rallye-Ankommenden halten, da in Kürze die ersten Motorradfahrer erwartet werden. Wir als Touristen aus Europa und noch mit Motorrädern hier seien jedoch herzlich eingeladen und wir könnten uns frei im Fahrerlager bewegen.

Wir können unser Glück kaum fassen, denn so nah werden wir nie wieder an die Fahrer und Fahrzeuge herankommen. Nur aufgrund der Tatsache, dass wir Motorradkleidung tragen, werden wir nicht sofort als Touristen erkannt und haben auch nette Begegnungen mit einigen Privatfahrern. Unter anderem helfe ich einem Fahrer, sein Roadbuch herzurichten. Er bedankt sich mit den Worten: »Wir sehen uns heute Abend im Camp«. Als ich ihm dann erkläre, dass ich als Tourist hier bin, meint er nur, ich müsse verrückt sein, hier Urlaub zu machen.

Ich mache ihn darauf aufmerksam, dass er selbst ja auch hier sei, aber er antwortet nur: »Ich hoffe es ist bald vorbei, denn mit solchen Strapazen habe ich nicht gerechnet.«

Das Fahrerlager hat auch einen genialen VIP-Bereich, in dem wir alles bekommen, was wir seit langen vermisst haben, wie z.B. Kaffee und Kuchen, gegrillte Hähnchenkeulen, Cola und Wasser mit Kohlensäure sowie saubere Sitzmöglichkeiten unterm Zeltdach, so dass wir das Abstempeln der Zeitnahme und das Auftanken der Motorräder bestens verfolgen können. Die meisten Motorradfahrer machen anschließend eine kleine Pause und setzen sich zu uns, um eine Kleinigkeit zu essen und zu trinken. So können wir mit den Cracks kleine Gespräche führen. Unsere Fotoapparate haben auch keine Ruhe, wir knipsen alles, was uns vor die Linse kommt.

Die Ortschaft Markoye wird an diesem Tag für die Bevölkerung gesperrt. Die Einwohner müssen sich an einem separaten Platz aufhalten. Da sie die Geschwindigkeit der Fahrzeuge nicht einschätzen können, werden sie aus Sicherheitsgründen von der Ortschaft ferngehalten.

Nur ein paar Polizisten halten sich noch in dem Ort auf. Es kommen auch viele Leute von anderen Dörfern, die alle zu einer Naturbühne geschleust werden.

Die Frauen und Männer tragen ihre schönsten Gewänder. Der Parkplatz ist übersät mit Kamelen, die ebenfalls ihren schönsten Schmuck tragen. Die Bevölkerung macht ihr eigenes Volksfest mit Kamelrennen und ähnlichen Spielen, das ihnen offensichtlich mehr Spaß macht, als der Rallye zuzuschauen. Wir haben unseren Spaß dabei, beides anzuschauen und genießen es in vollen Zügen. Der Rennarzt der Rallye hat auch für Markus eine kleine Leckerei, er bekommt Medikamente gegen seinen Durchfall, die auch seinen Zustand schnell etwas verbessern. Im Fahrerlager treffen wir noch bekannte Gesichter, ein Ehepaar aus den USA, die in Mali leben. Wir trafen sie im Militärkonvoi von Marokko nach Mauretanien. Sie luden uns ein, sie in Mali zu besuchen und gaben uns ihre Adresse.

Nachdem die LKW's vorbei waren, fahren wir wieder hinaus in die Wüste um dort in Ruhe beim Lagerfeuer und einer heißen Tasse Kaffee den Tag ausklingen zu lassen.

Zurück in Quagadougou macht sich Markus zuerst auf, einen Arzt aufzusuchen, denn er hat im Stuhlgang immer noch Blut und auch sein körperlicher Zustand ist noch nicht besonders gut. Die französische Ärztin nimmt erst einmal eine Blutprobe fürs Labor. Die Laboruntersuchung wird ca. drei bis vier Tage dauern. Abi und ich lassen uns vorsichtshalber auch gleich einen Malaria-Test machen. Um die Zeit sinnvoll zu nutzen, checken wir unsere Motorräder komplett durch und genießen die Vorzüge einer afrikanischen Großstadt mit Cafés und Bars.

Nach vier langen Tagen des Wartens erhalten wir endlich die Laborergebnisse. Für Abi und mich eine gute Nachricht, unsere Blutproben sind in Ordnung. Doch

Markus hat es richtig erwischt, seine Blutprobe hat ergeben, dass er E-coli und Amöben im Blut hat.

Nachdem wir nun endlich wissen, was genau Markus fehlt, kann ihn die französische Ärztin mit den entsprechenden Medikamenten behandeln. Jeden Tag geht es Markus jetzt besser. Nach drei Tagen ist sein Stuhlgang wieder in Ordnung und nach weiteren drei Tagen ist er wieder fit, so dass wir unsere Reise fortsetzen können. Markus' Krankheit schweißt uns noch enger zusammen, ich habe jetzt das Gefühl, wir drei beißen uns durch, komme was wolle.

Unsere Fahrt geht weiter Richtung Bobo-Dioulasso. Als wir dort eine Mosche besichtigten, wollen uns ein paar Leute beim Fotografieren hindern. Wir fangen mit unserer inzwischen bewährten »Masche« an: Abi fängt lautstark an zu protestieren und es kommt schnell zum Menschenauflauf. Wir beide machen dann soviel Theater, damit Markus unbeobachtet Fotos schießen kann. Erst als er sich wieder in unserer Nähe befindet, beruhigen Abi und ich die aufgebrachte Menge und wir verziehen uns in unser Hotel.

Am nächsten Tag machen wir einen Abstecher zu einem Wasserfall südlich von Bobo-Dioulasso. Dort fahren wir mit einem Kanu auf den Fluss hinaus um Flusspferde zu beobachten. Anschließend geht es weiter zur Grenze nach Mali.

Die Nacht verbringen wir an der Grenze. Die Grenzpolizei bietet uns eine Hütte neben der Grenzstation an und lädt uns zu einem Fest am Abend ein.

Die Einladung nehmen wir dankend an, da es unter anderem schon dunkel wird und wir nicht unbedingt bei Nacht weiterfahren wollen.

Nachdem wir unsere Schlafsäcke und Isomatten ausgebreitet haben, mischen wir uns unter die Bevölkerung. Die Musiker schlagen auf ihre Instrumente ein, als wäre es das letzte Mal. Die Jungen und Mädels tanzen und drehen sich so lange, bis sie zusammenbrechen und weggetragen werden müssen. Der Dorfbrunnen dient als Bar, dort wird Tee zubereitet. Die Party dauert bis in die Morgenstunden und löste sich dann aber auf einen Schlag auf. So eine Party ohne Alkohol habe ich noch nicht erlebt, doch irgendwie habe ich das Gefühl, dass hier Drogen im Spiel waren.

Bei der Weiterfahrt nach Djenné ändert sich die Landschaft langsam und geht von Baumbewuchs in eine Steppenlandschaft über. Die Sandwüste der Sahara rückt immer näher. Um Djenné zu erreichen müssen wir eine Fähre nehmen, da die Ortschaft auf einer Halbinsel auf dem Fluss Niger liegt. In Djenné befindet sich die größte Lehmmosche West-Afrikas. Ein beeindruckendes Bauwerk erhebt sich in der Stadt. Leider ist es ein Touristenmagnet geworden mit allen schlechten Angewohnheiten der Bevölkerung. Keinen Schritt können wir tun, ohne dass sich einer von ihnen als Führer anbietet oder uns ein Souvenir verkaufen will.

Anschließend fahren wir östlich von Mopti in ein Tal, wo sich die Bevölkerung Wohnungen in die Felsen geschlagen hat. Das Dogontal ist ein Muss aller Malireisenden, eine Steppenlandschaft mit steilen Hängen, in denen sich die Wohnungen befinden. Ein angenehmes Klima herrscht in den Höhlenwohnungen. Tagsüber angenehm kühl und schön warm in der Nacht.

In Mopti am Fluss Niger machen wir dann Station bei einem Amerikaner, der dort eine kleine Pension besitzt. Wir können hier unsere Motorräder stehen lassen, denn wir wollen mit einer Piroge (kleines Frachtschiff) auf dem Niger nach Tombouctou (Timbuktu) fahren. Nach langen Verhandlungen mit dem Schiffsbesitzer einigen wir uns auf eine Überfahrt mit Vollverpflegung, was sich später als sehr angenehm herausstellt.

Die Fahrt soll ca. drei Tage dauern, je nach Windstärke und Wellengang.

Am Abreisetag versorgen wir uns noch mit frischem Wasser und nehmen vorsorglich noch etwas zu Essen mit. Auf einer Pikasse machen wir es uns dann auf Hirsesäcken bequem, so dass man das Treiben am Ufer und auf dem Fluss vom Schlafsack aus beobachten kann. Eine Nigerkreuzfahrt beginnt, die ich nie mehr vergessen werde.

Nachdem wir losgefahren sind, versuchen wir uns zuerst einmal an das Schiff zu gewöhnen und uns dem Lebensrhythmus der Besatzung anzupassen. Doch an gewisse Eigenarten wollen und können wir uns nicht anpassen. Zum Beispiel die Toilette: ein Donnerbalken am Ende des Schiffes mit einem Vorhang – das ist noch O.k. Doch als die Besatzung sich mit demselben Wasser badet und wascht, mit dem wir unsere morgendliche Toilette machen wollen, ist unsere Grenze erreicht. Wir einigen uns darauf, unser Geschäft auf dem Donnerbalken zu erledigen und die Morgentoilette auf Zähneputzen mit unserem mitgebrachten Wasser zu beschränken.

Dafür aber ist das Essen sehr abwechslungsreich: gegen 9:00 Uhr bekommen wir eine große Schüssel Reis zum Frühstück, um 14:00 Uhr genießen wir noch einmal eine Schüssel Reis und zum Abendessen, so gegen 20:00 Uhr, noch eine leckere Schüssel Reis. Wir bekommen das gleiche Essen wie die Besatzung und der Kapitän, doch wir können wenigstens noch die Ölsardinen unter den Reis mischen, die wir vorher als Reserve gekauft haben. Für die Besatzung bleibt nur der trockene Reis morgens, mittags und abends, und das Tag für Tag.

Das Fotografieren der Besatzung stellt sich als äußerst schwierig heraus. Die Männer glauben, der Fotoapparat raube ihnen ihre Seele. Erst als ein Film voll ist, können wir ihnen zeigen, was im Fotoapparat alles passiert, und erst danach dürfen wir einige Bilder machen.

Es gibt keine Kabinen, das heißt, alle schlafen auf dem Deck. Der Kapitän hat zwei seiner vier Frauen dabei, die auch das Essen machen. Jeden Abend, kurz bevor es Schlafenszeit ist, sucht er sich die aus, mit der er die Nacht verbringen will und schickt sie zum Waschen. So weiß das ganze Schiff, mit welcher Frau er heute schlafen wird. Nachdem dann das Licht gelöscht ist, ist deutlich hörbar für alle an Bord, was Mann und Frau im Bett so machen.

Die Fahrt ist auch landschaftlich ein Höhepunkt. Am Ufer sieht man Fischer, die ihr tägliches Essen fischen. Fliegende Händler, die auf dem Fluss ihre Waren anbieten. Als wir dann den Lac Débo erreichen, einen großen

See auf dem Niger, müssen wir einen Tag Pause machen, da der Fluss sehr große Wellen hat. Wir sind mittlerweile schon den dritten Tag unterwegs, doch Tombouctou (Timbuktu) ist noch weit weg.

Am fünften Tag treffen wir auf einer anderen Pikasse auf Spanier, die ohne ausreichende Selbstverpflegung den Tripp buchten. Sie haben seit zwei Tagen nichts mehr zu essen, weil sie nur mit drei Tagen gerechnet und nur dafür Verpflegung mitgenommen haben.

Da erst wird uns klar, was für ein Glück es ist, den Ausflug mit Verpflegung gebucht zu haben. Da schmeckt der Reis doch gleich doppelt so gut wie vorher. Wir können ihnen ein paar Schokoriegel überlassen, bevor die Schiffe die Fahrt wieder fortsetzen. Es ist zu diesem Zeitpunkt auch noch nicht abzusehen, wann wir Tombouctou (Timbuktu) erreichen werden.

Die Fahrt entwickelt sich langsam zu einer gigantischen Kreuzfahrt, die wir von Tag zu Tag mehr genießen. Am Ufer kleine Fischerdörfer mit Fischerbooten, die ihre Netze auswerfen.

Am siebten Tag, gegen 22:00 Uhr, treffen wir in Tombouctou (Timbuktu) ein. Die letzte Nacht verbringen wir auf dem Schiff.

Tombouctou (Timbuktu) – was für ein Name! Wir sind endlich da, vier Monate Fahrt durch den Westafrikanischen Kontinent. Eine Stadt in der Sahara, die ihren legendären Namen zurecht trägt. Eine mir oft gestellte Frage, was ich denn in Tombouctou (Timbuktu) wolle, kann ich nicht beantworten. Auch nach einem Stadtbummel kann ich die Frage nicht beantworten. Die Stadt hat nichts Sehenswertes an sich, doch sind wir glücklich hier zu sein. Der Reiz liegt einfach daran, irgendwie diesen Ort zu erreichen. Seit wir in Marokko das Schild: »52 Tage quer durch die Wüste nach Tombouctou« gesehen hatten, waren wir besessen davon, diesen Ort zu erreichen.

Nachdem wir die Stadt in Augenschein genommen und unseren Stempel bei der Polizei abgeholt haben, machen wir uns wieder auf den Rückweg nach Mopti. Diesmal nehmen wir den Landweg. Mit einem Jeep, der zweimal wöchentlich die Tour hin und her fährt. 13 Leute auf der Ladefläche machen es sich bequem.

Für die 400 km nach Mopti brauchen wir 26 Stunden. Zum ersten Mal bin ich froh, dass es Allah gibt. Die Gebetspausen auf der Fahrt sind wie eine Erlösung. Ich weiß zum Schluss nicht mehr, welche Seite von meinem Hinterteil mehr weh tut und stoße zum Dank ein Gebet in den Himmel, nachdem wir Mopti erreicht haben.

Nachdem wir uns von dem Ausflug nach Tombouctou (Timbuktu) erholt haben, setzt sich unsere Reise Richtung Gao fort. In Gossi besuchen wir unsere Bekannten, die wir vom Konvoi Marokko-Mauretanien her kennen. Es ist das Ehepaar mit Sohn aus den USA. Er ist Missionar und versucht, Moslems zum Christentum zu bekehren. Sie laden uns auf eine Wüstentour ein, wo sie ein paar Dörfer besuchen wollen. Auf der Fahrt zu einem Dorf schießen wir noch ein paar Perlhühner, die wir abends grillen. Im Dorf angekommen, bekommen wir eine Stohhütte zum Schlafen zugewiesen und Jack (der Missionar) macht sich gleich an die Arbeit. Mit selbst gemalten Karten und Bildern versucht er, die Buschbewohner vom Christentum zu überzeugen. Ich habe eher den Eindruck, dass die Buschbewohner froh sind etwas Abwechslung zu haben. Sie hören sich das Ganze an, als bekämmen sie eine Geschichte erzählt. Am nächsten Tag in einem anderen Dorf das gleiche Spiel. Die Leute sitzen am Feuer und Jack holt seine Karten heraus und unterhält die Leute. Die Belohnung für das Zuhören sind ein paar Medikamente gegen Kopfweh. Da die Sonne sehr stark und grell ist, haben die Leute hier große Probleme mit Kopfschmerzen und ihrer Sehkraft. Aber die Gastfreundschaft in den Dörfern ist sehr groß.

Nach dem Missionarsausflug geht unsere Reise weiter. Ab Gao, entlang dem Fluss Niger, nach Niamey, der Hauptstadt des Niger.

Nachdem wir die Visa für den Tschad haben, machen Markus und ich es uns auf dem Balkon bequem und fotografierten das Geschehen auf der Strasse. Plötzlich bricht ein Polizist unsere Zimmertür auf und beschlagnahmt Markus' Fotoausrüstung. Wir sind so überrascht, dass wir anstandslos alles über uns ergehen lassen. So schnell wie der Polizist da war, ist er auch wieder weg. Vom Hotelbesitzer erfahren wir, in welchem Polizeiamt wir uns informieren können, was überhaupt los ist.

In der Polizeistation erfahren wir, dass Markus ein Polizeiauto fotografiert haben soll, das gerade an unserem Hotel vorbeigefahren ist. Ein Polizist habe Markus mit dem Fotoapparat gesehen. Womit für sie klar war, dass sie von Markus fotografiert wurden. Auch nachdem

Markus mehrmals versichert, dass er nicht fotografiert hat, lassen sie sich nicht beirren und wollen die Fotoausrüstung nicht herausgeben.

Am anderen Tag dann, nach langen Verhandlungen, können wir einen Teilerfolg verzeichnen. Die Fotoausrüstung bekommt Markus zurück, doch den Film wollen sie über Nacht entwickeln lassen um sicherzustellen, dass nicht doch ein Bild vom Polizeiauto gemacht worden ist. Wir können dann die Bilder am anderen Tag abholen. Für diesen Tag sind wir zufrieden und hoffen auf den nächsten Tag.

Am nächsten Tag stehen wir dann um 9:00 Uhr an der Polizeistation um die Bilder abzuholen. Leider müssen wir erfahren, dass die Entwicklungsmaschine defekt ist. Aber in der Stadt sei ein Fotolabor, und, wenn wir es selber bezahlten, könnten wir dort den Film gleich entwickeln lassen. Dieses Angebot nimmt Markus an und wir fahren unter Begleitschutz zu dem Fotoladen. Dort meint der Chef, es sei kein Problem, in einer Stunde könnten wir den Film abholen. Erst als Markus ihn darauf hinweist, dass es ein Dia-Film ist, wird ihm klar, dass die Entwicklung in einer Stunde nicht möglich ist. Er erklärt Markus und den Polizisten, dass der Film nicht hier entwickelt werden könne, da er hierfür nicht die Ausrüstung habe. Er müsse alle Dia-Filme nach Paris schicken, und es dauere ca. 14 Tage, bis die Bilder wieder hier seien. Unsere Gesichtszüge veränderten sich schlagartig. 14 Tage warten auf einen Film in einer solch hässlichen Stadt, das müssen wir anders lösen! Markus fährt unter Begleitschutz wieder zurück zur Polizeistation und sucht das Gespräch mit dem Polizeipräsidenten. Ein zähe Diskussion beginnt, bis dieser endlich nachgibt. Markus bekommt den Film zurück, aber wir müssen unsere Personalien angeben. Nachdem alle Personalien mit den Ausweisen kontrolliert sind, bekommt Markus den Film wieder mit dem Hinweis, dass, wenn ein Bild mit dem Polizeiauto in irgendeiner Zeitung in Europa auftauche, wir von Interpool gesucht und zur Rechenschaft gezogen werden würden.

Nach nochmaligem Versichern, dass Markus kein Bild vom Polizeiauto gemacht habe, verabschieden wir uns mit dem Film in der Hand. So schnell wie möglich verlassen wir die Stadt, die nicht den freundlichsten Eindruck hinterlässt. Doch wir freuen uns auf die nächsten Ziele, die vor uns liegen: Agadez, die Hauptstadt der Turaregs sowie das Air-Gebirge und die Ténéré-Wüste sind unsere nächsten Ziele.

Je näher wir Agadez kommen, desto präsenter wird das Militär. Die Fahrzeuge fahren mit Militärschutz. Man merkt, dass hier große Angst vor Überfällen herrscht. Wir werden aber überall freundlich empfangen und können ohne Probleme nach Agadez fahren.

Agadez, die Stadt der Tuaregs, die Herrscher der Sahara bzw. der Ténéré-Wüste.

Ein Handelszentrum, beherrscht von Kamelkarawanen und voll beladenen LKW's, bestimmen das Stadtbild. Denn beide Transportmittel treffen hier zusammen. Ein tolles Bild, wenn die LKW's in den Norden oder Süden aufbrechen und parallel dazu eine Kamelkarawane still und leise mit ca. 40 Tieren in die Sahara oder die Ténéré-Wüste loszieht.

In Agadez lebt auch das Kunsthandwerk. Dolche, Schwerter und Medaillons werden hier wunderbar kunstvoll verziert. Kunstvolle Eisenbeschläge sowie Verzierungen an den Eingangstüren begegnen uns überall. Wir lassen uns einige Tage von der Stadt verzaubern und versorgen uns mit allem, was für den Tripp ins Air-Gebirge und die Ténéré-Wüste nötig ist.

Das größte Problem ist die Benzinversorgung. Zusätzlich 20 Liter Kunststoffkanister müssen wir noch am Motorrad unterbringen.

Aber dann geht es los. Die Oase Iferouane im Air-Gebirge ist das erste Etappenziel. Kurz nach der Stadt erhebt sich das Gebirge, ein super Gelände zum Endurofahren, sehr guter Pistenzustand in herrlicher Bergkulisse. Auch nach etlichen Plattfüßen lassen wir uns den Spaß nicht nehmen. Die Übernachtungen in den Bergen sind ein Genuss. Es ist zwar sehr kalt, dafür genießen wir wundeschöne Sonnenauf- und -untergänge.

Die Sonnenterasse einer Piroge auf dem Niger

Ein Dorf im Niger

Das Air-Gebirge im Niger in Sicht

Ein Neues Gefahrenzeichen in Camerun

Elefanten beim Täglichen Wasserbad in Camerun

Nachwuchs auf dem Laufmotorrad

Relaxen auf dem Frachtschiff (Piroge) bei einer einwöchigen
Fahrt auf dem Niger

In der Oase Iferouane können wir dann unsere Vorräte ergänzen und unsere Tanks wieder füllen.

Nach ca. 100 km durch das Air-Gebirge stehen wir vor der großen Ténéré-Wüste. Am Berg Chiriet genießen wir es, endlich mal wieder in einer Sandwüste zu sein. Eine Sanddüne nach der anderen. Wir haben richtig Spaß, die Dünen rauf und runter zu fahren sowie die sternenklare Nächte zu genießen. Zum ersten Mal kommen wir auch in einen Sandsturm, ein komisches Gefühl. Man sieht ihn langsam auf sich zukommen und doch weiß man nicht, was man davon halten soll. Man sucht Schutz und wartet ab, bis er endlich aufhört. Ein ähnliches Gefühl wie beim Skifahren, wenn man in eine Schneestaub-lawine kommt, nur, dass es nicht in ein paar Minuten vorbei ist, sondern ein paar Stunden andauert.

Nach zwei Wochen im Air-Gebirge und in der Wüste treffen wir dann wieder in Agadez ein. Nach einer Dusche und einer Nacht in einem Bett haben wir die Anstrengungen der letzten Wochen schon wieder vergessen. Nachdem wir unsere Souvenire eingekauft haben, machen wir uns in Richtung Süden nach Zinder auf.

Die Piste nach Zinder hat es in sich, viele Sanddünen machen es uns schwer, zügig voranzukommen. Irgend-wie macht uns das alles schwer zu schaffen, denn nach der ersten Nacht in Zinder hat es Markus und Abi mit einer Grippe erwischt. Das heißt, wir müssen eine Zwangspause einlegen, denn wir haben den Tschadsee vor uns, der sehr schwer zu fahren sein soll.

Nach einer weiteren Nacht geht es Abi wieder besser, nur Markus macht uns etwas Sorgen, denn nicht nur seine Grippe verschlechtert sich zusehends, es kommen auch noch Nierenschmerzen dazu. Essen will er auch nicht mehr, das Fieberthermometer steigt ständig und nach einer weiteren Nacht steht morgens plötzlich Abi vor mir, ich soll schnell zu Markus kommen. Über Nacht ist noch eine Stirnhöhlenentzündung dazugekommen. Abi, der bei Markus geschlafen hatte, musste ihn nachts beruhigen, denn er hatte angefangen zu fantasieren. Eine sehr unangenehme Lage... Wir können Markus nicht mehr alleine lassen. Abi macht sich auf den Weg, um einen Arzt zu suchen. Das Problem ist, dass die nächste Großstadt, egal in welcher Richtung, ca. 1.000 Kilometer entfernt ist. Was also sollen wir machen?

Nach ein paar Stunden kommt Abi zurück. Er hat einen Arzt ausfindig gemacht, der aus Ägypten kommt. Wir ziehen Markus an, setzen uns in ein Taxi und fahren zu dem Arzt, der ihn auch gleich untersucht. Er nimmt Blut ab und eine Urinprobe, und schickt beides ins Labor. Markus bekommt noch eine schmerzstillende Spritze. Am nächsten Tag dann ... endlich ein Lächeln von Markus. Als ich ihm die Schuhe anziehe, bemerkt er, dass ihm das letzte Mal im Kindergarten einer die Schuhe binden musste. Wir fahren zuerst ins Labor um die Ergebnisse abzuholen. Anschließend zum Arzt, der Markus nach Auswertung der Laborergebnisse die entsprechenden Medikamente verabreicht. Nach zwei weiteren Tagen stellt sich langsam Besserung ein, nur seine Stirnhöhlenentzündung will einfach nicht besser werden. Dabei hatten wir drei sehr viel Glück, dass Abi einen Arzt gefunden hat, der sich sehr gut um Markus kümmerte, denn er hat sogar Hausbesuche gemacht und ihn langsam wieder aufgepäppelt. Denn was hätten Abi und ich sonst tun sollen?

Doch es geht immer weiter bergauf und nach ein paar Tagen ist Markus wieder so weit, dass wir Richtung Tschad aufbrechen können.

Es wird Zeit das Land zu verlassen, unsere Visa laufen ab. Doch noch ist Markus nicht kräftig genug eine Piste zu fahren. In Diffa treffen wir deutsche Entwicklungshelfer, die uns aufnehmen und Markus darf auf ihrem Sofa schlafen. Die restlichen Kilometer zur Grenze sind dann kein Problem mehr, doch jetzt kommen erst die langen Sandpisten. Nach langem Diskutieren entscheiden Markus und ich uns, einen Pick-up zu mieten und mit dem Jeep um den halben Tschadsee bis Mao zu fahren. Abi will es mit dem Motorrad versuchen.

Nachdem wir einen Jeep gefunden und den Preis ausgehandelt haben, laden wir unsere Motorräder auf, sowie Abi's Gepäck, damit er wenigstens Spaß beim Motorradfahren hat. Wir vervollständigen die Zollpapiere auf der nigerianischen Seite noch an diesem Tag und verbringen die Nacht an der Grenzstation. Gegen 6:00 Uhr am nächsten Morgen starten wir in den Tschad.

Nach zwei Stunden Fahrt im tiefen Sand erreichen wir die Grenze, wo alles kontrolliert wird, was es zu kontrollieren gibt. Selbst im Schlafsack wird nachgeschaut, doch wir können weiterfahren, immer am ausgetrockneten Ufer entlang.

Unser Fahrer gibt mächtig Gas, Abi hat große Mühe dranzubleiben. Nach ca. 200 Kilometern Fahrt bricht die Nacht herein und wir schlagen unsere Zelte auf. Abi ist körperlich ziemlich mitgenommen, denn die Piste war sehr schwer zu fahren und er ist froh, dass er kein Gepäck auf dem Motorrad hatte.

Die weiteren 100 Kilometer am nächsten Tag haben es dann so in sich, dass Abi die Schnauze voll hat und auch mit dem Jeep mitfahren will. In dem Dorf Nokou handeln wir dann einen neuen Preis aus – wir und unsere drei Motorräder werden bis Mao mitgenommen. Dort müssen wir uns einen neuen Jeep suchen, denn Abi will definitiv nicht mehr mit dem Motorrad weiterfahren. Er hat den tiefen Sand satt – und das viele Gepäck dazu. Die Suche nach einem neuen Jeep ist problemlos, nur der Preis macht uns zu schaffen. Nach langen zähen Verhandlungen einigen wir uns mit einem Fahrer. Die eine Hälfte des Geldes bezahlen wir sofort und die andere in N'Djamena, wo wir zur Bank wollen um Geld zu wechseln, denn unsere Dollars wollen wir ihnen nicht geben.

Nachdem wir uns geeinigt haben, laden wir die Motorräder auf und fahren sofort los, nicht dass ihnen noch irgendetwas einfällt um mehr Geld rauszuschlagen. Wir fahren die ganze Nacht durch, Abi und Markus vorne, auf dem Dach noch ein Begleiter, der dem Fahrer den Weg zeigt, und ich sitze auf meinem Motorrad. So war ich bis jetzt noch nie unterwegs, auf dem Motorrad sitzend auf der Ladefläche eines Jeeps, mit Helm und Handschuhen bekleidet, um mich vor dem Fahrtwind zu schützen. Das Einzige was ich zu tun habe ist: festhalten. Je näher wir nach N'Djamena kommen, umso mehr Militärbewegungen sind im Land zu sehen. Düsenjets der französischen Armee kreisen am Himmel, uns wird langsam etwas mulmig. Mittlerweile haben wir erfahren, dass im Tibesti-Gebirge ein Bürgerkrieg ausgebrochen ist.

In N'Djamena helfen uns deutsche Entwicklungshelfer (DED) weiter. Sie stellen uns ihr Gästehaus zur Verfügung, bis wir alle unsere Papiere zur Ausreise nach Kamerun zusammen haben. Die Leute vom DED laden uns dann zum Essen ein und klären uns über die Lage hier auf. Junge Männer werden zwangsrekrutiert und ins Tibesti-Gebirge geschickt um gegen die Rebellen im Norden zu kämpfen.

Unsere Gastgeber selbst haben auch einen Fluchtplan. Unter anderem haben sie ein Boot versteckt, um im Notfall mit dem Boot nach Kamerun zu flüchten. Doch noch sei die Lage hier im Süden sicher.

Wir trauen der Sache nicht so ganz und nachdem wir unsere Visa für Kamerun haben, bedanken wir uns bei den Leuten vom DED und machen uns aus dem Staub. An der Grenze mal wieder ein Spießrutenlaufen, alle wollen von uns Geld haben für einen Stempel. Und wenn kein Stempel mehr vorhanden ist, dann ist noch ein Fantasiedokument zu besorgen, so dass sich jeder seines Schmiergeldes sicher sein kann. Als dann der Schlagbaum endlich hoch geht und wir in Kamerun einreisen können, sind wir sehr erleichtert. Die Kameruner Grenzbeamten sind freundlich, unkompliziert und verlangen kein Schmiergeld. So kann es weitergehen.

Die ersten Kilometer in Kamerun sind eine Wohltat. Die Leute sind sehr freundlich, die Pisten in einem guten Zustand, wir fühlen uns sicher.

Schnell erreichen wir den Wasa Nationalpark im Norden des Landes. Dort machen wir unsere erste Tiersafari. Mit einem Jeep geht es in den Park, in dem es viele Elefanten geben soll. Nach den ersten Kilometern sehen wir die ersten Wildtiere, Antilopen und Giraffen. Die Erwartungen werden immer größer und nach ca. eineinhalb Stunden Fahrt sehen wir sie, die Giganten der Wildnis – eine riesige Herde von ca. 40 Elefanten. Langsam pirscht sich unser Fahrer an die Herde heran um sie nicht zu erschrecken. Er fährt bis auf ca. 200 Meter heran und hält dann an. Langsam steigen wir auf das Dach des Jeeps und sehen fasziniert dem Treiben der Elefanten zu. Sie lassen sich von uns nicht stören und reißen von den Bäumen und Sträuchern die Blätter ab. Das Faszinierendste dabei ist, wie leise alles abläuft. Man hört nur das Abknicken der Äste, ansonsten bewegt sich die Herde völlig lautlos. Nach einer Stunde ziehen wir uns dann zurück und fahren wieder Richtung Ausgang, als über Funk die Nachricht kommt, dass die Herde sich in Richtung eines großen Wasserlochs in Bewegung gesetzt hätte. Unser Fahrer kehrt sofort um.

Wir steigen auf einer Anhöhe vom Jeep aus um dieses Schauspiel zu beobachten. Nach einer halben Stunde Warten sehen wir in der Ferne die Herde langsam auf das Wasserloch zukommen.

Der Alpha-Bulle führt die Herde an. Ca. 50 Meter vor der Herde läuft er zielstrebig auf das Wasserloch zu und erkundet das Gelände auf eventuelle Gefahren. Erst als der Alpha-Bulle das Zeichen gibt, dass das Gelände sicher ist, folgt ihm die Herde. Ein Tier nach dem anderen kommt, spritzt sich voll und wälzt sich im Schlamm. Besonders lustig sehen dabei die kleinen Elefanten aus, denen es viel Mühe bereitet, anschließend aus dem Wasserloch herauszukriechen. Ein Schauspiel der Natur, das man nicht mehr vergisst: ungefähr 40 Elefanten im Wasserloch ohne größen Lärmpegel, hörbar ist nur das Plätschern des Wassers. Nach einer halben Stunde ist das Schauspiel vorbei. Die Elefanten ziehen weiter und das Wasserloch liegt wie ausgestorben da. Mit diesen unvergesslichen Eindrücken fahren wir zum Hotel zurück.

Die Landschaft in den Süden Kameruns wird zunehmend grüner, die Pisten breiter und immer besser. Durch die Mandara-Berge können wir mal wieder während der Fahrt die Landschaft genießen und müssen uns nicht nur aufs Fahren konzentrieren. Zum Abschluss machen wir noch eine Trekkingtour durch diese Berge. Bis auf ein paar Plattfüsse können wir die Fahrt ohne Probleme fortsetzen.

Dann kommt der 29. März: ein Tag, der uns immer in Erinnerung bleiben wird. An diesem Tag geschieht das, wovon ein Motorradfahrer immer hofft, verschont zu bleiben. Wir fahren eine sehr staubige Piste entlang und müssen unsere Abstände zum Vordermann vergrößern. Markus fährt voraus, dann Abi und zum Schluss ich. Markus hat eine recht gute Sicht, kann eine Schranke rechtzeitig erkennen und fährt weiter durch eine kleine Gasse. Abi erkennt wegen der Staubentwicklung die Schranke erst im allerletzten Moment und reißt sein Motorrad herum, rutscht aber noch unter der Schranke durch. Als ich ankomme, sehe ich Abi mit schmerzverzerrtem Gesicht auf dem Boden liegen, das Motorrad liegt 20 Meter weiter mitten auf der Fahrbahn. Nach einer ersten laienhaften Diagnose ist Abis Bein gebrochen.

Als ich beginne, Abis Bein zu bandagieren, kommt Markus zurück, der von dem Unfall nichts mitbekommen hat. Nachdem ich ihm die Lage kurz geschildert habe, versorgen wir zuerst Abi, bevor wir uns um sein Motorrad kümmern.

Abi hat, Gott sei Dank, seinen Humor nicht verloren und besteht darauf, erst einmal ein Foto zu machen, bevor es weitergeht. Er sieht auch lustig aus: sein Bein habe ich mit unseren Montiereisen stabilisiert, seine Kleidung ist zerfetzt und sein Gesicht voller Staub und verschmiert. Da der Unfall an einer relativ viel befahrenen Piste passiert ist, können wir ein Fahrzeug organisieren um Abi in eine afrikanische Krankenstation zu bringen.

Das Problem aber ist, dass wir eine Krankenstation mit Röntgengerät finden müssen. Wir beschließen, dass Markus bei den Motorrädern bleibt und ich und Abi auf die Suche nach solch einer Krankenstation gehen. Das heißt für Markus, sich auf einen eventuell langen Aufenthalt an der Unfallstelle einzurichten. Ein Polizist, der mittlerweile eingetroffen ist, hilft Markus eine Unterkunft zu finden, so dass auch die Motorräder untergestellt werden können. Ich vereinbare mit Markus, erst zurückzukommen, wenn Abi versorgt ist. Das heißt, es könnte auch passieren, dass ich mit Abi bis in das 500 Kilometer entfernte Douala fahren muss, um ihn von dort aus nach Hause fliegen zu lassen.

Abi setzen wir auf den Rücksitz eines Autos. Ich nehme vorne Platz und los geht's. Für Markus ist es wohl ziemlich beschissen uns hinterherschauen zu müssen und nicht helfen zu können. Und wir wissen nicht, ob wir auch eine vernünftige Krankenstation finden werden. Unser Fahrer meint, er hätte gehört, dass in Foumtan, ca. 100 Kilometer entfernt, ein Röntgengerät stehen würde. Nach vier Stunden Fahrt erreichen wir die Krankenstation und siehe da, wir haben Glück. Nachdem ich Abi im Arztzimmer eingeliefert habe, bezahle ich unseren Fahrer und versuche dem Arzt klar zu machen, dass wir unbedingt ein Röntgenbild benötigen, bevor wir weiter entscheiden können, was mit Abi geschehen soll. Er ist etwas verwundert, dass ihm gesagt wird, was zu tun ist. Nach langem Diskutieren verstehen wir uns langsam. Doch wieder haben wir ein Problem: da es keinen Strom gibt, funktioniert zurzeit das Röntgengerät nicht. Sie hoffen, dass am nächsten Tag der Strom wieder da ist.

Es ist mittlerweile ca. 22:00 Uhr geworden und wir entschließen uns, ein Zimmer im Krankenhaus zu nehmen.

Aber ich lasse Abi zunächst vor dem Zimmer auf einer Trage warten, denn ich muss das Zimmer zuerst von vielen verschiedenen kleinen Krabbeltierchen befreien. Das ist nicht so leicht, wie es sich anhört. Zuerst einmal die Tatsache, dass ich in einer Krankenstation überhaupt anfangen muss ein Krankenzimmer zu säubern. Nein, es gibt ja kein Licht ohne Strom und die Wasserpumpen funktionieren natürlich auch nicht. Mit meiner Taschenlampe verscheuche ich mit einem kleinen Besen alles, was sich so bewegt. Und nach einer halben Stunde kann ich Abi ins Zimmer bringen. Doch er hat sehr starke Schmerzen. Ich bitte eine Schwester, ihm eine schmerzstillende Spritze zu geben. Als Antwort bekomme ich, dass die Apotheke geschlossen sei und sie außerdem nur nach Bezahlung Medikamente von der Apotheke bekommen würde. Ich kann es kaum glauben, eine Krankenstation hat keine Medikamente! Also gehe ich zur Apotheke und klopfe den Apotheker aus dem Bett. Doch erst als ich ihm sage, dass ich mit US-Dollar bezahlen werde, bekomme ich die Medizin, unter anderem auch Schlafmittel.

Zurück in der Krankenstation gibt die Schwester Abi das Schmerzmittel und gleichzeitig das Schlafmittel. Nach kurzer Zeit schläft Abi ein und endlich habe ich auch Zeit, mich etwas auszuruhen. Eine Krankenschwester besorgt mir noch eine Matratze, die ich in Abi's Krankenzimmer auf den Boden lege. So kann ich auch etwas schlafen, doch das ist nicht so leicht, meine Gedanken sind überall. Zum Beispiel, wie es wohl Markus geht, der nicht weiß, wie es mit uns aussieht, oder wie es mit Abi weitergehen wird. Und doch bin ich so müde, dass ich irgendwann für ein paar Stunden schlafe.

Gegen 6:00 Uhr wache ich auf, weil das Licht angeht. Endlich Strom, wir können röntgen. Eine Krankenschwester verabreicht Abi noch einmal eine schmerzstillende Spritze und ich mache mich auf die Socken, um etwas zu essen und zu trinken zu besorgen. Denn in afrikanischen Krankenhäusern müssen die Angehörigen von Patienten die Versorgung sicherstellen, da es im Krankenhaus selbst keine Versorgungsmöglichkeiten gibt. In der Strasse zum Krankenhaus sind kleine Stände, wo ich etwas Brot und Wasser kaufen kann. Nach dem Frühstück, bestehend aus Wasser und Brot, endlich eine gute Nachricht. Ein Arzt, der in Deutschland Medizin studierte, besucht uns.

So können wir wenigstens ihm klar machen, dass wir erst nach der Röntgenaufnahme entscheiden werden, wie es weitergehen wird. Dafür hat er auch Verständnis, da er ja weiß, was in Deutschland für Möglichkeiten vorhanden sind, die er hier in Kamerun nicht bieten kann.

Um 8:00 Uhr wird Abi abgeholt, ins Röntgenzimmer gebracht und nach einer Stunde ist klar, dass er einen glatten Unterschenkelbruch hat. Jetzt müssen wir uns entscheiden, was wir bzw. Abi machen werden. Ich überlasse Abi die Entscheidung, ob er nach Hause fliegen oder sich hier das Bein eingipsen lassen will. Das Problem ist, dass alles unter Narkose passieren muss, da das Bein in die richtige Position gebracht und dabei stark gestreckt werden muss. Nach langem hin und her und nochmaligem Versichern, dass sie es hier an der Krankenstadion hinkriegen würden, entschließt Abi sich, es hier machen zu lassen. Er will seine Reise wegen so einer

Sache noch nicht abbrechen, und wenn es nicht funktionieren sollte, kann er zu Hause das Bein auch noch operieren lassen. Nach Abis Entschluss gehen die Vorbereitungen los. Zuerst muss ich noch mal bei meinem Freund in der Apotheke vorbeischauen, da für die Operation zuerst die Medikamente besorgt werden müssen. Als der Apotheker mich sieht, sehe ich in seinen Augen schon die Dollarzeichen blitzen, doch es hilft nichts, ich brauche Narkosemittel, Verbandsmaterial, Gipsbandagen und Schmerzmittel. Als ich alles zusammen habe, gehe ich ins Krankenhaus und warte auf den Beginn der Operation.

Im Krankenhaus wird für den Eingriff alles vorbereitet. Das Ärzteteam wird ständig größer, jede Minute kommt ein neuer Arzt oder Pfleger dazu. Für sie ist es die Operation des Jahres, denn so einen Eingriff können sich die Leute in der Gegend nicht leisten. Nachdem Abi die Narkosespritze bekommen hat und langsam einschläft, geht es zur Sache. Das Bein wird angezogen und in die richtige Position gebracht. Ein anderes Team beginnt, eine Gipsschiene anzupassen, dann wird das Bein mit der Gipsschiene ruhiggestellt. Anschließend wird ein Röntgenbild gemacht, nun heißt es warten, bis das Bild entwickelt ist. Nervös laufe ich meine Runden um Abis Bett, der noch immer unter Narkose liegt. Dann plötzlich ein Jubelgeschrei aus einem Zimmer nebenan.

Sogleich kommt ein Arzt zu mir und zeigt mir das Röntgenbild. Alles sei super gelaufen! Anschließend gipsen sie Abis Bein ein und bringen ihn auf sein Zimmer. Ich muss mittlerweile auch sehr mitgenommen aussehen, denn eine Krankenschwester bietet mir an, meine Klamotten zu waschen. Doch ich lehne dankend ab, da ich keine anderen Kleider dabei habe. Erst jetzt merke ich, dass ich seit vier Tagen die gleiche Kleidung anhabe, und da wir seit mehreren Tagen auf staubigen Pisten unterwegs sind, kann ich die Krankenschwester gut verstehen, wenn ich so an mir herunterschaue.

Mittlerweile wacht Abi langsam auf und fragt mich alle fünf bis zehn Minuten, ob alles gut gegangen sei und er seine Reise fortsetzen könne. Nachdem ich ihm zum hundertsten Mal die gute Nachricht bestätigt habe, wacht er endlich »ganz aus dem Koma« auf. Unser Reisemotto hat sich mal wieder bestätigt:

»Es geht immer weiter«.

Am späten Nachmittag gehe ich in die Ortschaft und kaufe etwas zu essen und zu trinken, damit ich Abi eventuell ein paar Tage allein lassen kann. Denn ich muss irgendwie zu Markus kommen, damit er weiß, was los ist und wir unsere Ausrüstung und die Motorräder hierher bringen können.

Nach einer weiteren Nacht im Krankenhaus stelle ich Abi alles so hin, dass er vom Bett aus das Essen und die Getränke erreichen kann, verabschiede mich, gehe zur Sammelstelle der Buschtaxis und hoffe, dass ich schnell zu Markus aufbrechen kann. Ein Auto, das in die von mir gewünschte Richtung fährt, ist schnell gefunden, auch mit dem Preis werden wir uns einig. Leider fährt das Auto nur, wenn es voll besetzt ist – das ist hier ein ungeschriebenes Gesetz. Doch der Fahrer versichert mir, dass er heute noch losfahren wird.

Nach ein paar Stunden Warten geht die Fahrt los. Ich weiß nicht, wo ich im Auto Platz nehmen soll, denn es ist wirklich voll. Hinten fünf und vorne drei Personen plus Fahrer. Doch die Leute sind sehr hilfsbereit und zeigen mir, wie ich mich vorne hinsetzen soll, so dass die Tür noch zugeht. Eine Person muss sich so hinsetzen, dass sie den Schalthebel zwischen den Beinen hat.

Dass der Fahrer dann beim Schalten immer zwischen die Beine dieser Person langen muss, um den nächsten Gang einzulegen, macht nichts.

Markus hat inzwischen ein großes Zimmer organisiert, in dem er auch die Motorräder mit einschließen kann. Auch bei ihm ist die Erleichterung groß, vor allem, weil er jetzt weiß, was los ist. Ich packe schnell mein Motorrad und nehme so viele Sachen von Abi mit wie es geht, denn wenn ich mich beeile, kann ich noch vor Eintritt der Dunkelheit bei Abi sein. Markus muss noch eine weitere Nacht hierbleiben, denn Abis Motorrad wollen wir nicht alleine zurücklassen. So mache ich mich auf, so schnell wie möglich zurück zu Abi zu fahren. Bei Einbruch der Dämmerung komme ich im Krankenhaus an. Abi geht es relativ gut und er hat noch eine Überraschung für mich: eine Wohnung in der Nähe des Krankenhauses. Der deutschsprechende Arzt hat sie uns organisiert. Sie ist zwar seit vier Jahren nicht mehr benutzt worden, aber in gutem Zustand. Ich mache mich gleich auf, die Wohnung zu besichtigen und bin begeistert. Sie ist so groß, dass wir sogar unsere Motorräder unterstellen können.

Jetzt ist es Zeit, Abi mal etwas Richtiges zu kochen. Ich heize meinen Benzinkocher in Abis Krankenzimmer an und zaubere unser Lieblingsessen: Spaghetti mit Tomatensoße, die Zutaten habe ich unterwegs noch eingekauft.

Am anderen Morgen steht dann plötzlich eine Putzkolonne vor der Tür und will die Wohnung putzen. Eine nette Geste, die der deutschsprechende Arzt kurzfristig organisiert hat. Ich habe nichts dagegen, denn ich muss eh wieder aufbrechen um zum zweiten Mal das Abenteuer Buschtaxi auf mich zu nehmen. Nachdem ich mit Abi gefrühstückt habe, mache ich mich auf, um endlich Markus auch hierher zu holen. Das Buschtaxi ist wieder genauso voll wie am Tag zuvor, doch diesmal weiß ich wenigstens, wie ich mich verhalten muss. Markus wartet schon auf mich, denn er hat versucht, Abis Motorrad wieder fit zu bekommen, doch mit dem Kickstarter kommt Markus nicht so zurecht, denn er fährt ein Motorrad mit E-Starter. Nach eine paar Handgriffen und Hammerschlägen springt die Kiste wieder an und am Abend sind wir alle wieder zusammen. Den Schlüssel für die Wohnung hat die Putzkolonne bei Abi abgegeben und ich kann mich endlich mal wieder waschen. Markus kocht an diesem Abend ein köstliches Menü, weil wir alle wieder zusammen sind.

Am nächsten Tag checke ich zuerst einmal unsere Ausrüstung, vor allem Abis Motorrad. Markus geht einkaufen und füllt unseren Kühlschrank auf. Nach dem Mittagessen, das wir immer bei Abi auf dem Krankenzimmer einnehmen, ist es lustig, denn wenn die Zimmertür aufgeht, kommen die Tiere der anderen Häuser herein, die bereits darauf gewartet haben, dass sie unsere Essensreste bekommen. Sie haben schon lange unser Essen gerochen und es sich vor unserer Türe bequem gemacht. Hühner, Ziegen, Hunde, alles läuft auf dem Krankenhausgelände herum und keinen stört es.

Aber nach einer Woche Krankenzimmer hat Abi genug und will zu uns in die Wohnung. Also werden Träger geholt und Abi wird zur Wohnung gebracht. Den Ärzten ist es nicht so recht, da sie kein Geld mehr von uns holen können. Doch wir können Abi auf diese Weise besser versorgen und müssen nicht immer das Essen ins Krankenhaus bringen.

Nach ein paar Tagen Foumban fährt Markus voraus nach Douala, um dort eine passende Unterkunft zu suchen und sein Motorrad unterzustellen. Er wird mit dem Buschtaxi zurückfahren. Auch muss Abis Motorrad nach Douala gebracht werden, und nicht zu vergessen Abi selbst mit dem Buschtaxi.

Kaum ist Markus unterwegs – Abi und ich trinken noch einen Kaffee – klingelt es an der Tür.

Als ich öffne, gibt es eine große Überraschung: die zwei Holländer stehen vor der Tür, die wir vom Konvoi von Marokko nach Mauretanien her kennen. Markus hat sie auf der Strasse nach Douala getroffen und ihnen die Geschichte mit Abi erzählt. Kurzerhand drehten sie um, um uns zu besuchen. Nachdem wir ihnen noch einmal die Geschichte ausführlich erzählt haben, beschließen sie, Abi gleich in ihrem Jeep mitzunehmen. So wissen wir wenigstens, dass Abi gut nach Douala kommen wird. Ich warte noch zwei Tage auf Markus, bis er mit dem Buschtaxi wieder im Krankenhaus auftaucht um mit Abis Motorrad nach Douala zu fahren.

Als wir in Douala angekommen sind und eine günstige Unterkunft gefunden haben, macht plötzlich Markus' Motorrad Probleme. Nach dem Zerlegen des Motors stellt sich heraus, dass er einen Kolbenklemmer hat. Nachdem wir über das Internet alle Teile bestellt haben, müssen wir ca. eine Woche warten, bis sie in Douala eintreffen. Ich überbrücke die Zeit, indem ich mir einen lang ersehnten Traum erfülle, mit einem ganz besonderen Abschluss der Reise durch den Westafrikanischen Kontinent, nämlich die Besteigung des Mt. Cameroun.

Ja, ich möchte meinen ersten 4000er besteigen! Der Mt. Cameroun ist 4.100 Meter hoch. Markus aber teilt meine Begeisterung nicht, er hat keine Lust und bleibt lieber bei Abi, der ja immer noch mit einem Gipsbein herumspringt.

Ich fahre in das ca. 100 Kilometer entfernte Buea. Dort suche ich mir einen Führer, der mich auf der Besteigung des Bergs begleitet. Danach wird die Ausrüstung durchgecheckt und die Verpflegung eingekauft. Jetzt kann es losgehen. Titus, mein Begleiter, holt mich am nächsten Tag im Morgengrauen ab.

Der Mt. Cameroun, d.h. 4.100 Höhenmeter liegen vor uns. Von Meereshöhe an, also bei null Metern Höhe, geht es vom schwarzen Lavasandstrand aus los. Zuerst durchqueren wir Tee- und Kaffeeplantagen, kommen an Kolonialhäusern vorbei, die noch von den Deutschen damals gebaut worden sind, aber sich immer noch in einem super Zustand befinden. Anschließend tauchen Titus und ich in den Dschungel ein. Ein schmaler Pfad schlängelt sich durch den Dschungel, bis wir bei ca. 2.000 Höhenmetern langsam die Baumgrenze erreicht haben und einen gigantischen Blick auf das Meer, den Atlantik, genießen können. Von nun an geht es steil bergauf. Auf einer Höhe von 2.800 Metern schlagen wir unser Nachtcamp auf und genießen den Sonnenuntergang mit grandiosem Meerblick. Wir beschließen, die letzten 1.300 Meter am nächsten Tag mit leichtem Gepäck zu bewältigen um den Gipfel zu erreichen und anschließend wieder ins Camp auf 2.800 Meter zurückzukehren. So geht es am nächsten Tag zum Gipfel. Leider kommen wir auf den letzten 300 Höhenmetern in den Nebel, der im Laufe des Tages aufgezogen war. Doch wir können ohne Probleme den Gipfel erreichen. Nach dem obligatorischen Gipfelpflichtbild machen wir uns schnell wieder auf den Rückweg, um wieder aus dem Nebel herauszukommen. Als wir dann am Camp ankommen, hat sich der Nebel ausschließlich um den Gipfel herum konzentriert. So kann ich noch einen tollen Tag auf 2.800 Metern ausklingen lassen. Dabei lasse ich das letzte halbe Jahr in meinem Kopf Revue passieren.

Der Abstieg ist unproblematisch und das Kapitel Mt Cameroun somit Geschichte.

Zurück in Douala bei Abi und Markus habe ich noch zwei Aufgaben, bevor ich mich von beiden trennen werde. Wir müssen Abis Bein noch vom Gips befreien. Mit der Säge des Leatherman sägen wir den Gips auf und befreien das Bein.

Markus hat inzwischen seine Ersatzteile bekommen und so können wir sein Motorrad wieder zusammenbauen. Nachdem Abis Bein wieder einigermaßen in Ordnung ist und Markus' Motorrad wieder läuft, nehme ich Abschied von den beiden, denn mich zieht es nach Süd-Afrika und Abi und Markus wollen nach Kenia weiter. Ich gebe mein Motorrad am Flughafen ab, feiere noch eine Nacht Abschied mit den zweien und nehme grundsätzlich Abschied von West-Afrika.

Ein großes Dankeschön an Abi und Markus, mit denen ich ein tolles halbes Jahr in West-Afrika erleben durfte.

Ein besonderer Dank geht auch an Heike Tegtmeyer-Greiner für die Unterstützung an diesem Buch.

Nun breche ich auf, um neue Geschichten zu erleben und hoffe, dass Euch diese Reise gefallen hat und steige in das Flugzeug, um das Motto der Reise weiter zu realisieren:

»Es geht immer weiter!«